大数据时代下的财务管理

—— 郭淑华 ◎ 著 ——

哈尔滨出版社
HARBIN PUBLISHING HOUSE

图书在版编目（CIP）数据

大数据时代下的财务管理 / 郭淑华著. — 哈尔滨：哈尔滨出版社，2022.12

ISBN 978-7-5484-6802-8

Ⅰ．①大… Ⅱ．①郭… Ⅲ．①财务管理－研究 Ⅳ．①F275

中国版本图书馆 CIP 数据核字（2022）第 189877 号

书　　名：大数据时代下的财务管理
DASHUJU SHIDAI XIA DE CAIWU GUANLI

作　　者：郭淑华　著
责任编辑：韩伟锋
封面设计：张　华
出版发行：哈尔滨出版社（Harbin Publishing House）
社　　址：哈尔滨市香坊区泰山路 82-9 号　邮编：150090
经　　销：全国新华书店
印　　刷：廊坊市广阳区九洲印刷厂
网　　址：www.hrbcbs.com
E-mail：hrbcbs@yeah.net

编辑版权热线：（0451）87900271　87900272

开　　本：787mm×1092mm　1/16　印张：9.25　字数：210 千字
版　　次：2023 年 1 月第 1 版
印　　次：2023 年 1 月第 1 次印刷
书　　号：ISBN 978-7-5484-6802-8
定　　价：68.00 元

凡购本社图书发现印装错误，请与本社印制部联系调换。

服务热线：（0451）87900279

前　言

现在的世界被大数据的更新力量不断冲击，每个企业的财务管理都需要发生一定程度的转型，大数据时代下的财务管理是一个重要的财政措施改革出发点。在利用好大数据进行智能分析的同时，如何处理好大数据时代下财务管理的一系列变化，是企业面临的一项重要课题。随着大数据时代快速发展，财务管理面临着模式转型，财务管理问题越来越受人重视。企业要想把握大数据时代提供的良好机遇，管理者就要愈发重视大数据时代下的财务管理问题。充分利用大数据有效整合各项资源，对数据信息进行有效的获取、配置和使用，并促进财务管理在运行过程中平稳有效地发展，使财务管理因为大数据而发挥其在企业经营中的重要影响力，让企业管理在大数据时代下的财务管理问题上进一步发挥本身的优势，从而提高企业现代化和市场竞争力。

数据对于企业是宝贵资源，在大数据环境下更是企业获得胜利的重要法宝。为了可以更好地提高财务管理水平，企业需要加强财务数据的收集、储存、分析和运用。在数据收集方面，可以通过大数据来将所有财务数据进行收集，以数据为依据来建立庞大的数据资源库。在数据储存方面，由于大数据时代数据急剧增加，企业在数据收集等方面所获得的数据量变得异常庞大，而且当前数据储存技术和分析技术难以满足大数据要求，这就要求企业不断加大先进储存服务器的建设，这样才能更好地进行数据的储存。在数据分析方面，可以深度挖掘数据资源，运用大数据分析技术来更好地寻找出有价值的信息，帮助数据需求者做好数据分析。在数据运用方面，财务部门的数据可以和业务部门的数据进行结合，这样对企业发展具有良好的作用。

在大数据技术的支持之下，财务管理人员可以不断提高财务管理水平，同时可以不断降低企业不必要的成本，不断提高企业利润。随着大数据技术不断成熟，企业经营模式也发生了改变，这对财务管理人员的能力和素质也提出了更为全面的要求，财务管理人员可以由以前财务型向全能型进行转变。在这样的环境之下，财务人员不仅需要掌握有关会计学领域的知识，同时还需要对统计学等其他学科的知识进行掌握，不断提升自身综合能力，为提高大数据技术在财务管理中的运用提供支撑。

综上所述，在大数据环境之下，为了更好地实现财务管理的创新，企业需要不断加大对财务管理意识的培育，建立起完善的财务信息化制度，同时还应当不断加强人才队伍建设，这样才能更好地适应大数据时代财务管理的发展。

目 录

第一章 大数据概述 ··· 1
   第一节 大数据发展历程 ··· 1
   第二节 大数据的定义与本质 ·· 18
   第三节 大数据的分类与技术 ·· 25
   第四节 大数据的特征 ··· 30
   第五节 大数据产业协同创新动因 ······································· 35

第二章 大数据时代下财务管理理论研究 ······························ 42
   第一节 大数据的财务管理体系 ··· 42
   第二节 大数据与财务管理相结合 ······································· 45
   第三节 大数据时代下的财务管理发展策略 ····························· 48
   第四节 大数据时代下的企业财务管理转型 ····························· 51
   第五节 大数据时代下的企业财务管理变革 ····························· 55
   第六节 大数据时代下的财务管理新路径 ································ 59

第三章 大数据背景下财务管理的转型研究 ···························· 62
   第一节 大数据背景下企业财务核算与管理 ····························· 62
   第二节 大数据背景下的企业财务管理创新思维 ······················· 64
   第三节 大数据的互联网金融企业财务管理 ····························· 68
   第四节 大数据背景下的农村财务管理 ·································· 72
   第五节 大数据背景下高校财务管理 ···································· 76
   第六节 大数据背景下医院财务档案的管理 ····························· 80
   第七节 大数据背景下中小企业财务管理 ································ 83

第四章 大数据时代下的企业财务风险管理的理论研究 ············ 88
   第一节 大数据背景下企业财务风险 ···································· 88
   第二节 大数据时代企业财务管理面临的挑战 ·························· 91
   第三节 大数据时代的企业财务风险防范 ································ 95

第四节	大数据时代企业财务风险预警机制	98
第五节	财务大数据与集团企业资金风险管理	101
第六节	国有企业运用大数据手段管理财务风险	104

第五章　大数据背景下财务管理的实践应用研究 110

第一节	财务大数据在企业战略管理中的应用	110
第二节	大数据在保险行业财务管理中的应用	114
第三节	大数据和云计算技术在财务管理中的应用	119
第四节	大数据在制造类企业财务管理中的应用	122
第五节	大数据背景下云财务在企业管理中的应用	125
第六节	财务体系上的大数据在企业战略管理中的应用	132
第七节	电网企业财务大数据的研究与应用	135

参考文献 141

第一章 大数据概述

第一节 大数据发展历程

当前,全球大数据正进入加速发展时期,技术产业与应用创新不断迈向新高度。大数据通过数字化丰富要素供给,通过网络化扩大组织边界,通过智能化提高产出效能,不仅是推进网络强国建设的重要领域,更是新时代加快实体经济质量变革、效率变革、动力变革的战略依托。本节聚焦近期大数据各领域的进展和趋势,梳理主要问题并进行展望。在技术方面,重点探讨了近两年最新的大数据技术及其融合发展趋势;在产业方面,重点讨论了中国大数据产品的发展情况;在数据资产管理方面,介绍了行业数据资产管理、数据资产管理工具的最新发展情况,并着重探讨了数据资产化的关键问题;在安全方面,从多种角度分析了大数据面临的安全问题和技术工具。

一、国际大数据发展概述

近年来,全球大数据的发展仍处于活跃阶段。根据国际权威机构 statist 的统计和预测,全球数据量在 2019 年有望达到 41ZB。

2019 年以来,全球大数据技术、产业、应用等多方面的发展呈现了新的趋势,也正在进入新的阶段。本章将对国外大数据战略、技术、产业等领域的最新进展进行简要叙述。

(一)大数据战略持续拓展

相较于几年前,2019 年国外大数据发展在政策方面略显平淡,只有美国的《联邦数据战略第一年度行动计划》草案比较受关注。2019 年 6 月 5 日,美国发布了《联邦数据战略第一年度行动计划》草案,这个草案包含了每个机构开展工作的具体可交付成果,以及由多个机构共同协作推动的政府行动,旨在编纂联邦机构如何利用计划、统计和任务支持数据作为战略资产来发展经济、提高联邦政府的效率、促进监督和提高透明度。

相对于三年前颁布的《联邦大数据研发战略计划》，美国对于数据的重视程度继续提升，并出现了聚焦点从"技术"到"资产"的转变，其中更是着重提到了金融数据和地理信息数据的标准统一问题。此外，配套文件中"共享行动：政府范围内的数据服务"成为亮点，针对数据跨机构协同与共享，从执行机构到时间节点都进行了战略部署。

早些时候，欧洲议会通过了一项决议，敦促欧盟及其成员国创造一个"繁荣的数据驱动经济"。该决议预计到 2020 年，欧盟 GDP 将因更好的数据使用而增加 1.9%。但遗憾的是，据统计目前只有 1.7% 的公司充分利用了先进的数字技术。

拓宽和深入大数据技术应用是各国数据战略的共识之处。据了解，美国 2020 年人口普查有望采用差分隐私等大数据隐私保护技术来提高对个人信息的保护。英国政府统计部门正在探索利用交通数据，通过大数据分析及时跟踪英国经济走势，提供预警服务，帮助政府进行精准决策。

（二）大数据底层技术逐步成熟

近年来，大数据底层技术的发展呈现出逐步成熟的态势。在大数据发展的初期，技术方案主要聚焦于解决数据"大"的问题，Apache Hadoop 定义了最基础的分布式批处理架构，打破了传统数据库一体化的模式，将计算与存储分离，聚焦于解决海量数据的低成本存储与规模化处理。Hadoop 凭借其友好的技术生态和扩展性优势，一度对传统大规模并行处理（Massively Parallel Processor，MPP）数据库的市场造成影响。但当前 MPP 在扩展性方面不断突破（2019 年中国信通院大数据产品能力评测中，MPP 大规模测试集群规模已突破 512 节点），使得 MPP 在海量数据处理领域又重新获得了一席之位。

MapReduce 暴露的处理效率问题以及 Hadoop 体系庞大复杂的运维操作，推动计算框架不断进行着升级演进。随后出现的 Apache Spark 已逐步成为计算框架的事实标准。在解决了数据"大"的问题后，数据分析时效性的需求愈发突出，Apache clink、Kafka Streams、Spark Structured Streaming 等近年来备受关注的产品为分布式流处理的基础框架打下了基础。在此基础上，大数据技术产品不断分层细化，在开源社区形成了丰富的技术栈，覆盖存储、计算、分析、集成、管理、运维等各个方面。据统计，目前大数据相关开源项目已达上百个。

（三）大数据产业规模平稳增长

国际机构 statist 在 2019 年 8 月发布的报告显示，到 2020 年，全球大数据市场的收入规模预计将达到 560 亿美元，较 2018 年的预期水平增长约 33.33%，较 2016 年的市场收入规模翻一倍。随着市场整体的日渐成熟和新兴技术的不断融合发展，未来大数据市场将呈现稳步发展的态势，增速维持在 14% 左右。在 2018—2020 年的预测期内，大数据市场整体的收入规模将保持每年约 70 亿美元的增长，复合年均增长率约为 15.33%。

从细分市场来看，大数据硬件、软件和服务的市场规模均保持较稳定的增长，预计到 2020 年，三大细分市场的收入规模将分别达到 150 亿美元（硬件）、200 亿美元（软件）、210 亿美元（服务）。具体来看，2016—2017 年，软件市场规模增速达到了 37.5%，在数值上超过了传统的硬件市场。随着机器学习、高级分析算法等技术的成熟与融合，更多的数据应用和场景正在落地，大数据软件市场将继续高速增长。预计在 2018—2020 年间，每年约有 30 亿美元的增长规模，复合年均增长率约为 19.52%。大数据相关服务的规模始终最高，预计在 2018—2020 年间的复合年均增长率约为 14.56%。相比之下，硬件市场增速最低，但仍能保持约 11.8% 的复合年均增长率。从整体占比来看，软件规模占比将逐渐增加，服务相关收益将保持平稳发展的趋势，软件与服务之间的差距将不断缩小，而硬件规模在整体的占比则逐渐减小。

（四）大数据企业加速整合

近两年来，国际具有影响力的大数据公司也发生了一些变化。2018 年 10 月，美国大数据技术巨头 Cloudera 和 Hortonworks 宣布合并。在 Hadoop 领域，两家公司的合并意味着"强强联手"，而在更加广义的大数据领域，则更像是"抱团取暖"。但毫无疑问，这至少可以帮助两家企业结束近十年的竞争，并且依靠垄断地位早日摆脱长期亏损的窘况。而从第三方的角度来看，这无疑会影响整个 Hadoop 的生态。开源大数据目前已经成为互联网企业的基础设施，两家公司合并意味着 Hadoop 的标准将更加统一，长期来看新公司的盈利能力也将大幅提升，并将更多的资源用于新技术的投入。从体量和级别上来看，新公司将基本代表 Hadoop 社区，其他同类型企业将很难与之竞争。

2019 年 8 月，惠普收购大数据技术公司 APR 的业务资产，包括 APR 的技术、知识产权以及多个领域的业务资源等。APR 创立于 2009 年，属于 Hadoop 全球软件发行版供应商之一。专家普遍认为，企业组织越来越多地以云服务形式使用数据计算和分析产品是 APR 需求减少的重要原因之一。用户需求正从采购以 Hadoop 为代表的平台型产品，转向结合云化、智能计算后的服务型产品。这也意味着，全球企业级 IT 厂商的战争已经进入一个新阶段，即满足用户从平台产品到云化服务，再到智能解决方案的整体需求。

（五）数据合规要求日益严格

近两年来，各国在数据合规性方面的重视程度越来越高，但数据合规的进程仍任重道远。2019 年 5 月 25 日，旨在保护欧盟公民的个人数据、对企业的数据处理提出了严格要求的《通用数据保护条例》（GDPR）实施满一周年，数据保护相关的案例与公开事件数量攀升，同时也引起了诸多争议。

牛津大学的一项研究发现，GDPR 实施满一年后，未经用户同意而设置的新闻网站上的 Cookies 数量下降了 22%。欧盟 EDPB 的报告显示，GDPR 实施一年以来，欧盟当局收到了约 145000 份与数据安全相关的投诉和问题举报，共判处 5500 万欧元行政罚款。苹果、微软、Twitter、WhatsApp、Instagram 等企业也都遭到调查或处罚。

GDPR 正式实施之后，带来了全球隐私保护立法的热潮，并成功提高了社会各领域对数据保护的重视。例如，2020 年 1 月起，美国加州消费者隐私法案（CCPA）也将正式生效。与 GDPR 类似，CCPA 将对所有和美国加州居民有业务的数据商业行为进行监管。CCPA 在适用监管的标准上比 GDPR 更宽松，但是一旦达到被监管的标准，违法企业受到的惩罚更大。2019 年 8 月份，IAPP（世界上信息隐私方面的专业协会）OneTrust（第三方风险技术平台）对部分美国企业进行了 CCPA 准确度调查，结果显示，74% 的受访者认为他们的企业应该遵守 CCPA，但只有大约 2% 的受访者认为他们的企业完全做好了应对 CCPA 的准备。除加州 CCPA 外，更多的法案正在美国纽约州等多个州陆续生效。

二、融合成为大数据技术发展的重要特征

当前，大数据体系的底层技术框架已基本成熟。大数据技术正逐步成为支撑型的基础设施，其发展方向也开始向提高效率转变，逐步向个性化的上层应用聚焦，技术的融合趋势愈发明显。本章将针对当前大数据技术的几大融合趋势进行探讨。

（一）算力融合：多样性算力提升整体效率

随着大数据应用的逐步深入，场景愈发丰富，数据平台开始承载人工智能、物联网、视频转码、复杂分析、高性能计算等多样性的任务负载。同时，数据复杂度

不断提高，以高维矩阵运算为代表的新型计算范式具有粒度更细、并行更强、高内存占用、高带宽需求、低延迟高实时性等特点，以 CPU 为底层硬件的传统大数据技术无法有效满足新业务需求，出现了性能瓶颈。

当前，以 CPU 为调度核心，协同 GPU、FPGA、ASIC 及各类用于 AI 加速 "CPU"的异构算力平台成为行业热点解决方案，以 GPU 为代表的计算加速单元能够极大提高新业务计算效率。不同硬件体系融合存在开发工具相互独立、编程语言及接口体系不同、软硬件协同缺失等工程问题。为此，产业界试图从统一软件开发平台和开发工具的层面来实现对不同硬件底层的兼容，例如 Intel 公司正在设计支持跨多架构（包括 CPU、GPU、FPGA 和其他加速器）开发的编程模型 oneAPI，它提供一套统一的编程语言和开发工具集，来实现对多样性算力的调用，从根本上简化开发模式，针对异构计算形成一套全新的开放标准。

（二）流批融合：平衡计算性价比的最优解

流处理能够有效处理即时变化的信息，从而反映出信息热点的实时动态变化。而离线批处理则更能体现历史数据的累加反馈。考虑到对于实时计算需求和计算资源之间的平衡，业界很早就有了 lambda 架构的理论来支撑批处理和流处理共同存在的计算场景。随着技术架构的演进，流批融合计算正在成为趋势，并不断在向更实时更高效的计算推进，以支撑更丰富的大数据处理需求。

流计算的产生源于对数据加工时效性的严苛要求。数据的价值随时间的流逝而降低时，我们就必须在数据产生后尽可能快地对其进行处理，比如实时监控、风控预警等。早期流计算开源框架的典型工具是 Storm，虽然它是逐条处理的典型流计算模式，但并不能满足"有且仅有一次（Exactly-once）"的处理机制。之后的 Heron 在 Storm 上做了很多改进，但相应的社区并不活跃。同期的 Spark 在流计算方面先后推出了 Spark Streaming 和 Structured Streaming，以微批处理的思想实现流式计算。而近年来出现的 Apache clink，则使用了流处理的思想来实现批处理，很好地实现了流批处理融合的计算，国内包括阿里、腾讯、百度、字节跳动，国外包括 Uber、iyft、Netflix 等公司都是 clink 的使用者。2017 年由伯克利大学 AMPLab 开源的 Ray 框架也有相类似的思想，由一套引擎来融合多种计算模式，蚂蚁金服基于此框架正在进行金融级在线机器学习的实践。

（三）TA 融合：混合事务/分析支撑即时决策

TA 融合是指事务（Transaction）与分析（Analysis）的融合机制。在数据驱动精细化运营的今天，海量实时的数据分析需求无法避免。分析和业务是强关联的，但这两类数据库在数据模型、行列存储模式和响应效率等方面的区别，通常会造成数据的重复存储。事务系统中的业务数据库只能通过定时任务同步导入分析系统，这就导致了数据时效性不足，无法实时地进行决策分析。

混合事务/分析处理（HTAP）是Gartner提出的一个架构，它的设计理念是为了打破事务和分析之间的"墙"，实现在单一的数据源上不加区分地处理事务和分析任务。这种融合的架构具有明显的优势，可以避免频繁的数据搬运操作给系统带来的额外负担，降低数据重复存储带来的成本，从而及时高效地对最新业务操作产生的数据进行分析。

（四）模块融合：一站式数据能力复用平台

大数据的工具和技术栈已经相对成熟，大公司在实战经验中围绕工具与数据的生产链条、数据的管理和应用等逐渐形成了能力集合，并通过这一概念来统一**数据资产**的视图和标准，提供通用数据的加工、管理和分析能力。

数据能力集成的趋势打破了原有企业内的复杂数据结构，使数据和业务更贴近，并能更快地使用数据驱动决策。其主要针对性地解决三个问题：一是提高数据获取的效率；二是打通数据共享的通道；三是提供统一的数据开发能力。这样的"企业级数据能力复用平台"是一个由多种工具和能力组合而成的数据应用引擎、**数据价值化**的加工厂，来连接下层的数据和上层的数据应用团队，从而形成敏捷的数据驱动精细化运营的模式。阿里巴巴提出的"中台"概念和华为公司提出的"数据基础设施"概念都是模块融合趋势的印证。

（五）云数融合：云化趋势降低技术使用门槛

大数据基础设施向云上迁移是一个重要的发展趋势。各大云厂商均开始提供各类大数据产品以满足用户需求，纷纷构建自己的云上数据产品。早期的云化产品大部分是对已有大数据产品的云化改造，现在，越来越多的大数据产品从设计之初就遵循了云原生的概念进行开发，生于云长于云，更适合云上生态。

向云化解决方案演进的最大优点是用户不用再操心如何维护底层的硬件和网络，能够更专注于数据和业务逻辑，在很大程度上降低了大数据技术的学习成本和使用门槛。

（六）数智融合：数据与智能多方位深度整合

大数据与人工智能的融合主要体现在大数据平台的智能化与数据治理的智能化。

智能的平台：用智能化的手段来分析数据是释放数据价值高阶之路，但用户往往不希望在两个平台间不断地搬运数据，这促成了大数据平台和机器学习平台深度整合的趋势，大数据平台在支持机器学习算法之外，还将支持更多的 AI 类应用。Databricks 为数据科学家提供了一站式的分析平台 Data Science Workspace，Cloudera 也推出了相应的分析平台 Cloudera Data Science Workbench。2019 年底，阿里巴巴基于 clink 开源了机器学习算法平台 dlink，并已在阿里巴巴搜索、推荐、广告等核心实时在线业务中有广泛实践。

智能的数据治理：数据治理的输出是人工智能的输入，即经过治理后的大数据。**AI 数据治理**，是通过智能化的数据治理使数据变得智能；通过智能元数据感知和**敏感数据**自动识别，对数据自动分级分类，形成全局统一的数据视图；通过智能化的**数据清洗和关联分析**，把关数据质量，建立数据血缘关系。数据能够自动具备类型、**级别、血缘等标签**，在降低数据治理复杂性和成本的同时，得到智能的数据。

三、大数据产业蓬勃发展

近年来，中国大数据产业蓬勃发展，融合应用不断深化，数字经济量质提高，对经济社会的创新驱动、融合带动作用显著增强。本章将从政策环境、主管机构、产品生态、行业应用等方面对中国大数据产业发展的态势进行简要分析。

（一）大数据产业发展政策环境日益完善

产业发展离不开政策支撑。中国政府高度重视大数据的发展。自 2014 年以来，中国国家大数据战略的谋篇布局经历了四个不同阶段。

（1）预热阶段：2014 年 3 月，"大数据"一词首次被写入政府工作报告，为中国**大数据发展**的政策环境的搭建开始预热。从这一年起，"大数据"逐渐成为各级政府和社会各界的关注热点，中央政府开始提供积极的支持政策与适度宽松的发展环境，**为大数据发展创造机遇**。

（2）起步阶段：2015 年 8 月 31 日，国务院正式印发了《促进大数据发展行动纲要》（国发〔2015〕50 号），其成为中国发展大数据的首部战略性指导文件，对包括**大数据产业**在内的大数据整体发展做出了部署，体现出国家层面对大数据发展的顶层设计和统筹布局。

（3）落地阶段：《十三五规划纲要》的公布标志着国家大数据战略的正式提出，**彰显**了中央对于大数据战略的重视。2016 年 12 月，工信部发布《大数据产业发展规划（2016—2020年）》，为大数据产业发展奠定了重要的基础。

（4）深化阶段：随着国内大数据迎来全面良好的发展态势，国家大数据战略也开始走向深化阶段。2017年10月，党的十九大报告中提出推动大数据与实体经济深度融合，为大数据产业的未来发展指明了方向。12月，中央政治局就实施国家大数据战略进行了集体学习。2019年3月，政府工作报告第六次提到"大数据"，并且有多项任务与大数据密切相关。

自2015年国务院发布《促进大数据发展行动纲要》，系统性部署大数据发展工作以来，各地陆续出台了促进大数据产业发展的规划、行动计划和指导意见等文件。截至目前，除港澳台外全国31个省级单位均已发布推进大数据产业发展的相关文件。可以说，中国各地推进大数据产业发展的设计已经基本完成，陆续进入了落实阶段。梳理31个省级行政区划单位的典型大数据产业政策可以看出，大部分省（市、区）的大数据政策集中发布于2016年至2017年。而在近两年发布的政策中，更多的地方将新一代信息技术整体作为考量，并加入了人工智能、数字经济等内容，进一步拓展了大数据的外延。同时，各地在颁布大数据政策时，除注重大数据产业的推进外，也在更多地关注产业数字化和政务服务等方面，这也体现出了大数据与行业应用结合及政务数据共享开放近年来取得的进展。

（二）各地大数据主管机构陆续成立

近年来，部分省市陆续成立了大数据局等相关机构，对包括大数据产业在内的大数据发展进行了统一的管理。以省级大数据主管机构为例，从2014年广东省设立第一个省级大数据局开始，截至2019年5月，共有14个省级地方成立了专门的大数据主管机构。

除此之外，上海、天津、江西等省市分别组建了上海市大数据中心、天津市大数据管理中心、江西省信息中心（江西省大数据中心），承担了一部分大数据主管机构的职能。部分省级以下的地方政府也相应组建了专门的大数据管理机构。根据黄璜等人的统计，截至2018年10月，有79个副省级和地级城市组建了专门的大数据管理机构。

（三）大数据技术产品水平持续提高

从产品角度来看，目前大数据技术产品主要包括大数据基础类技术产品（承担数据存储和基本处理功能，包括分布式批处理平台、分布式流处理平台、分布式数据库、数据集成工具等）、分析类技术产品（承担对数据的分析挖掘功能，包括数据挖掘工具、bi 工具、可视化工具等）、管理类技术产品（承担数据在集成、加工、流转过程中的管理功能，包括数据管理平台、数据流通平台等）等。中国在这些方面都取得了一定的进展。

中国大数据基础类技术产品市场成熟度相对较高。一是供应商越来越多，从最早只有几家大型互联网公司发展到目前的近 60 家公司可以提供相应产品，覆盖了互联网、金融、电信、电力、铁路、石化、军工等不同行业；二是产品功能日益完善。根据中国信通院的测试，分布式批处理平台、分布式流处理平台类的参评产品功能项通过率均在 95% 以上；三是大规模部署能力有很大突破，例如阿里云 MaxCompute 通过了 10000 节点批处理平台基础能力测试，华为 GuassDB 通过了 512 台物理节点的分析型数据库基础能力测试；四是自主研发意识不断增强。目前有很多基础类产品源自对开源产品进行的二次开发，特别是分布式批处理平台、流处理平台等产品九成以上基于已有开源产品开发。

中国大数据分析类技术产品发展迅速，个性化与实用性趋势明显。一是满足跨行业需求的通用数据分析工具类产品逐渐应运而生，如百度的机器学习平台 Jarvis、阿里云的机器学习平台 PAI 等；二是随着深度学习技术的相应发展，数据挖掘平台从以往只支持传统机器学习算法，转变为额外支持深度学习算法以及 GPU 计算加速能力；三是数据分析类产品易用性进一步提高，大部分产品都拥有直观的可视化界面以及简洁便利的交互操作方式。

中国大数据管理类技术产品还处于市场形成的初期。目前，国内常见的大数据管理类软件有 20 多款。数据管理类产品虽然涉及的内容庞杂，但技术实现难度相对较低，一些开源软件如 Kettle、swoop 和 hifi 等，为数据集成工具提供了开发基础。中国信通院测试结果显示，参照囊括功能全集的大数据管理软件评测标准，所有参评产品的符合程度均在 90% 以下。随着数据资产的重要性日益突出，数据管理类软件的地位也将越来越重要，未来将机器学习、区块链等新技术与数据管理需求相结合，将有很大的发展空间。

（四）大数据行业应用不断深化

前几年，大数据的应用还主要在互联网、营销、广告领域。这几年，无论是从新增企业数量、融资规模，还是应用热度来说，与大数据结合紧密的行业逐步向工业、政务、电信、交通、金融、医疗、教育等领域广泛渗透，应用逐渐向生产、物流、供应链等核心业务延伸，涌现了一批大数据典型应用，企业应用大数据的能力逐渐增强。电力、铁路、石化等实体经济领域的龙头企业不断完善自身大数据平台建设，持续加强数据治理，培养以数据为核心驱动力的创新能力，行业应用"脱虚向实"趋势明显，大数据与实体经济深度融合不断加深。

电信行业方面。电信运营商拥有丰富的数据资源。数据来源涉及移动通话和固定电话、无线上网、有线宽带接入等所有业务，也涵盖线上线下渠道在内的渠道经营相关信息，所服务的客户涉及个人客户、家庭客户和政企客户。三大运营商2019年以来在大数据应用方面都走向了更加专业化的阶段。电信行业在发展大数据上有明显的优势，这主要体现在该行业数据规模大、数据应用价值持续凸显、数据安全性普遍较高方面。2019年，三大运营商都完成了全集团大数据平台的建设，设立了专业的大数据运营部门或公司，开始了数据价值释放的新举措。通过对外提供领先的网络服务，深厚的数据平台架构和数据融合应用服务，高效可靠的云计算基础设施和云服务，打造数字生态体系，加速了非电信业务的变现能力。

金融行业方面。随着金融监管日趋严格，通过金融大数据规范行业秩序并降低金融风险逐渐成为金融大数据的主流应用场景。同时，由于各大金融机构信息化建设基础好、数据治理起步早，因此金融业成为数据治理发展较为成熟的行业。

互联网营销方面。随着社交网络用户数量不断增长，利用社交大数据来做产品口碑分析、用户意见收集分析、品牌营销、市场推广等"数字营销"，将是未来大数据应用的重点。电商数据直接反映用户的消费习惯，具有很高的应用价值。伴随着移动互联网流量见顶，以及广告主营销预算的下降，如何利用大数据技术帮助企业更高效地触达目标用户已成为行业最热衷的话题。"线下大数据""新零售"的概念日渐火热，但其对于个人信息保护方面容易存在漏洞，这也使得合规性成为这一行业发展的核心问题。

工业方面。工业大数据是指在工业领域里，生产链过程（包括研发、设计、生产、销售、运输、售后等各个环节）中产生的数据总和。随着工业大数据成熟度的提高，工业大数据的价值挖掘也逐渐深入。目前，各个工业企业已经开始面向数据全生命周期的数据资产管理，逐步提高工业大数据成熟度，深入工业大数据价值挖掘。

能源行业方面。2019年5月，国家电网大数据中心正式成立，该中心旨在打通数据壁垒、激活数据价值、发展数字经济，实现数据资产的统一运营，推进数据资源的高效使用。这是传统能源行业拥抱大数据应用的一次机制创新。

医疗健康方面。医疗大数据成为2019年大数据应用的热点方向。2018年7月颁布的《国家健康医疗大数据标准、安全和服务管理办法》为健康行业大数据服务指明了方向。电子病历、个性化诊疗、医疗知识图谱、临床决策支持系统、药品器械研发等成为行业热点。

除以上行业之外，教育、文化、旅游等各行各业的大数据应用也都在快速发展。中国大数据的行业应用更加广泛，正加速渗透到经济社会的方方面面。

四、数据资产化步伐稳步推进

在党的十九届四中全会上，中央首次公开提出"健全劳动、资本、土地、知识、技术、管理和数据等生产要素按贡献参与分配的机制"。这是中央首次在公开场合提出数据可作为生产要素按贡献参与分配，反映了随着经济活动数字化转型加快，数据对提高生产效率的成熟作用凸显，成为最具时代特征新生产要素的重要变化。

（一）数据：从资源到资产

"数据资产"这一概念是由信息资源和数据资源的概念逐渐演变而来的。信息资源是在20世纪70年代计算机科学快速发展的背景下产生的，信息被视为与人力资源、物质资源、财务资源和自然资源同等重要的资源，因此高效、经济地管理组织中的信息资源是非常必要的。数据资源的概念是在20世纪90年代伴随着政府和企业的数字化转型而产生，是有含义的数据集结到一定规模后形成的资源。数据资产在21世纪初大数据技术的兴起背景下产生，并随着数据管理、数据应用和数字经济的发展而普及。

中国信通院在2017年将"数据资产"定义为"由企业拥有或者控制的，能够为企业带来未来经济利益的，以一定方式记录的数据资源"。这一概念强调了数据具备的"预期给会计主体带来经济利益"的资产特征。

（二）数据资产管理理论体系仍在发展

数据管理的概念是伴随着20世纪80年代数据随机存储技术和数据库技术的使用而诞生的，主要指在计算机系统中的数据可以被方便地存储和访问。经过40年的发展，数据管理的理论体系主要形成了国际数据管理协会（DAMA）、IBM和数据管控机构（DGI）所提出的三个流派。

然而，以上三种理论体系都是大数据时代之前的产物，其视角还是将数据作为信息来管理，更多的是为了满足监管要求和达到企业考核的目的，并没有从数据价值释放的维度来考虑。

在数据资产化背景下，数据资产管理是在数据管理基础上的进一步发展，可以视作数据管理的"升级版"，主要区别表现为以下三方面。一是管理视角不同，数据管理主要关注的是如何解决问题数据带来的损失，而数据资产管理则关注如何利用数据资产为企业带来价值，需要基于数据资产的成本、收益来开展数据价值管理。二是管理职能不同，传统数据管理的管理职能包含数据标准管理、数据质量管理、元数据管理、主数据管理、数据模型管理、数据安全管理等，而数据资产管理针对不同的应用场景和大数据平台建设情况，增加了数据价值管理和数据共享管理等职能。三是组织架构不同，在"数据资源管理转向数据资产管理"理念的影响下，相应的组织架构和管理制度也有所变化，需要有更专业的管理队伍和更细致的管理制度来确保数据资产管理的流程性、安全性和有效性。

（三）各行业积极实践数据资产管理

各行业实践数据资产管理普遍经历3—4个阶段。最初，行业数据资产管理主要是为了解决报表和经营分析的准确性，并通过建立数据仓库实现。随后，行业数据资产管理的目的是治理数据，管理对象由分析域延伸到生产域，并在数据库中开展数据标准管理和数据质量管理。随着大数据技术的发展，企业数据逐步汇总到大数据平台，形成了数据采集、计算、加工、分析等配套流程，建立了元数据管理、数据共享、数据安全保护等机制，并开展了数据创新应用。目前，许多行业的数据资产管理已经进入到数据资产运营阶段，数据成为企业核心的生产要素，不仅满足了企业内部各项业务的创新，还逐渐成为服务企业外部的数据产品。企业也积极开展如数据管理能力成熟度模型等数据管理能力评估工作，不断提升数据资产管理能力。

金融、电信等行业普遍在2000年至2010年间就开始了数据仓库建设（简称数仓建设），并将数据治理范围逐步扩展到生产域，建立了比较完善的数据治理体系。2010年后通过引入大数据平台，企业实现了数据的汇聚，并逐渐向数据湖发展，其内部的数据应用较为完善，不少企业正在逐渐探索数据对外运营和服务。

（四）数据资产管理工具百花齐放

数据资产管理工具是数据资产管理工作落地的重要手段。由于大数据技术栈中开源软件的缺失，数据资产管理的技术发展没有可参考的模板，工具开发者多从数据资产管理实践与项目中设计工具架构，各企业数据资产管理需求的差异化使得数据资产管理工具的形态各异。因此，数据资产管理工具市场呈现百花齐放的状态。数据资产管理工具可以是多个工具的集成，并以模块化的形式集中于数据管理平台。

元数据管理工具、数据标准管理工具、数据质量管理工具是数据资产管理工具的核心，数据价值工具是数据资产化的有力保障。中国信通院对数据管理平台的测试结果显示，数据管理平台对于元数据管理工具、数据标准管理工具和数据质量管理工具的覆盖率达到了100%，这些工具通过追踪记录数据、标准化数据、稽核数据的关键活动，有效地管理了数据，提高了数据的可用性。与此同时，主数据管理工具和数据模型管理工具的覆盖率均低于20%，其中主数据管理多以解决方案的方式提供服务，而数据模型管理多在元数据管理中实现，或以独立工具在设计数据库或数据仓库阶段完成。超过80%的数据价值工具以直接提供数据源的方式进行数据服务，其他的数据服务方式包括数据源组合、数据可视化和数据算法模型等。超过95%的数据价值工具动态展示了数据的分布应用和存储计算情况，但仅有不到10%的工具量化数据价值，并提供数据增值方案。

未来，数据资产管理工具将向智能化和敏捷化发展，并以自助服务分析的方式深化数据价值。Gartner在2019年关于分析与商务智能软件市场的调研报告中显示，该市场数据量在2018年增长了11.7%，而基于自助服务分析的现代商务智能和数据科学平台分别增长了23.3%和19%。随着数据量的增加和数据应用场景的丰富，数据间的关系变得更加复杂，问题数据也隐藏于数据湖中难以被发觉。智能化地探索和梳理结构化数据间、非结构化数据间的关系将节省大量的人力，快速发现并处理问题数据也将极大地提高数据的可用性。在数据交易市场尚未成熟的情况下，通过扩展数据使用者的范围，提升数据使用者挖掘数据价值的能力，将最大限度地开发和释放数据价值。

（五）数据资产化面临诸多挑战

目前，困扰数据资产化的关键问题主要包括数据确权困难、数据估值困难和数据交易市场尚未成熟。

（1）数据确权困难。明确数据权属是数据资产化的前提，但目前在数据权利主体以及权力分配上存在着诸多争议。数据权不同于传统物权。物权的重要特征之一是对物的直接支配，但数据权在数据的全生命周期中有不同的支配主体。有的数据产生之初由其提供者支配，有的产生之初便被数据收集人支配（如微信聊天内容、电商消费数据、物流数据等）；在数据处理阶段数据被各类数据主体所支配。原始数据只是大数据产业的基础，其价值属性远低于以集合数据为代表的增值数据所产生的价值。

因此，法律专家倾向于将数据的权属分开，即不探讨整体数据权，而是从管理权、使用权、所有权等维度进行探讨。由于数据从法律上目前尚没有被赋予资产的属性，因此数据所有权、使用权、管理权、交易权等权益没有被相关的法律充分认同和明确界定。数据也尚未像商标、专利一样，有明确的权利申请途径、权利保护方式等，对于数据的法定权利，尚未有完整的法律保护体系。

（2）数据估值困难。影响数据资产价值的因素主要有质量、应用和风险三个维度。质量是决定数据资产价值的基础，合理评估数据的质量水平，才能对数据的应用价值进行准确预测；应用是数据资产形成价值的方式，数据与应用场景结合才能贡献经济价值；风险则是指在法律和道德等方面存在的限制。

目前，常用的数据资产估值方法主要有成本法、收益法和市场法三类。成本法从资产的重置角度出发，重点考虑资产价值与重新获取或建立该资产所需成本之间的相关程度；收益法基于目标资产的预期应用场景，通过未来产生的经济效益的折现来反映数据资产在投入使用后的收益能力，而根据衡量无形资产经济效益的不同，方法又可具体分为权利金节省法、多期超额收益法和增量收益法；市场法则是在相同或相似资产的市场可比案例的交易价格的基础上，对差异因素进行调整，以此反映数据资产的市场价值。

评估数据资产的价值需要考虑多方面因素，数据的质量水平、应用场景和特定的法律道德限制均对数据资产价值有所影响。虽然目前已有从不同角度出发的数据资产估值方法，但在实际应用中均存在不同的问题，有其适用性的限制。构建成熟的数据资产评价体系，还需要以现有方法为基础框架，进一步探索在特定领域和具体案例中的适配方法。

（3）数据交易市场尚未成熟。2014年以来，国内出现了一批数据交易平台，各地方政府也成立了数据交易机构，包括贵阳大数据交易所、长江大数据交易中心、上海数据交易中心等。同时，互联网领军企业也在积极探索新的数据流通机制，提供了行业洞察、营销支持、舆情分析、引擎推荐、API数据市场等数据服务，并针对不同的行业提出了相应的解决方案。

但是，由于数据权属和数据估值的限制，以及数据交易政策和监管的缺失等因素，目前国内的数据交易市场尽管在数据服务方式上有所丰富，发展却依然面临诸多困难，阻碍了数据资产化的进程。其主要体现在如下两点。一是市场缺乏信任机制。技术服务方、数据提供商、数据交易中介等可能会私下缓存并对外共享、交易数据，数据使用企业不按协议要求私自留存、复制甚至转卖数据的现象普遍存在。

中国各大数据交易平台并未形成统一的交易流程，甚至有些交易平台没有完整的数据交易规范，使得数据交易存在很大风险。二是缺乏良性互动的数据交易生态体系。数据交易中所涉及的采集、传输、汇聚活动日益频繁，相应地，个人隐私、商业机密等一系列安全问题也日益突出，亟须建立包括监管机构和社会组织等多方参与的，法律法规和技术标准等多要素协同的，覆盖数据生产流通全过程和数据全生命周期管理的数据交易生态体系。

五、数据安全合规要求不断提高

2019年以来，大数据安全合规方面不断有事件曝出。2019年9月6日，位于杭州的大数据风控平台某科技有限公司被警方控制，高管被带走，相关服务暂时瘫痪。同日，另一家提供大数据风控服务的某科技人工智能科技有限公司的高管被带走协助调查。以两平台被查为开端，短短一周内，多家征信企业分别有人被警方带走调查，市场纷纷猜测是否与爬虫业务有关。一时间，大数据安全合规的问题，特别是对于个人信息保护的问题，再次成为行业关注热点。

（一）数据相关法律监管日趋严格规范

与全球不断收紧的数据合规政策相类似，中国在数据法律监管方面也日趋严格规范。

当前中国大数据方面的立法呈现出以个人信息保护为核心，包含基本法律、司法解释、部门规章、行政法规等综合框架。一些综合性法律中也涉及了个人信息保护条款。

2019年以来，数据安全方面的立法进程明显加快。中央网信办针对四项关于数据安全的管理办法相继发布征求意见稿，其中《儿童个人信息网络保护规定》已正式公布，并于2019年10月1日开始施行。一系列行政法规的制定，唤起了民众对数据安全的强烈关注。

不可否认的是，中国的数据安全法律法规仍不够完善，呈现出缺乏综合性统一法律、缺乏法律细节解释、保护与发展协调不够等问题。2018年，十三届全国人大常委会立法规划中的"条件比较成熟、任期内拟提请审议的法律草案"包括《个人信息保护法》《数据安全法》两部。这意味着个人信息和数据保护的综合立法时代即将来临。

(二)数据安全技术助力大数据合规落地

数据安全的概念源于传统信息安全的概念。在传统信息安全中数据是内涵,信息系统是载体,数据安全是整个信息安全的关注重点,信息安全的主要内容是通过安全技术来保障数据的秘密性、完整性和可用性。从数据生命周期的角度区分,数据安全技术包括作用于数据采集阶段的敏感数据鉴别发现、数据分类分级标签、数据质量监控;作用于数据存储阶段的数据加密、数据备份容灾;作用于数据处理阶段的数据脱敏、安全多方计算、联邦学习;作用于数据删除阶段的数据全副本销毁;作用于整个数据生命周期的用户角色权限管理、数据传输校验与加密、数据活动监控审计等。

当前中国数据安全的法律法规重点关注个人信息的保护,大数据行业整体合规也必然将以此作为核心。而在目前的数据安全技术中,有为数不少的技术手段瞄准了敏感数据在处理使用中的防护,例如数据脱敏、安全多方计算、联邦学习等。

《数据安全管理办法(征求意见稿)》中明确要求,对于个人信息的提供和保存要经过匿名化处理,而数据脱敏技术是实现数据匿名化处理的有效途径。应用静态脱敏技术可以保证数据对外发布时不涉及敏感信息,同时在开发、测试环境中保证在敏感数据集本身特性不变的情况下能够正常进行挖掘分析;应用动态脱敏技术可以保证在数据服务接口能够实时返回数据请求的同时杜绝敏感数据泄露的风险。

安全多方计算和联邦学习等技术,能够确保在协同计算中任何一方实际数据不被其他方获得的情况下完成计算任务并获得正确计算结果。应用这些技术能够在有效保护敏感数据以及个人隐私数据不存在泄露风险的同时完成原本需要执行的数据分析、数据挖掘、机器学习等任务。

上述技术是当前最为主流的数据安全保护技术,也是最有利于大数据安全合规落地的数据安全保护技术。其中的各项技术分别具有各自的技术实现方式、应用场景、技术优势和当前存在的问题。

上述技术均存在多种技术实现方式,不同实现方式可能达到对隐私数据的不同程度的保护,不同的应用场景对隐私数据的保护程度和可用性也有不同的需求。作为助力实现大数据安全合规落地的主要技术,在实际应用中使用者应根据具体的应用场景选择合适的隐私保护技术以及合适的实现方式,而繁多的实现方式和产品化的功能点的区别,导致技术使用者具体进行选择时会遇到很大的困难。通过标准对相应隐私保护技术进行规范化,可以有效地应对这种情况。

未来随着大数据产业的不断发展，个人信息和数据安全相关法律法规将不断出台，在企业合规方面，应用标准化的数据安全技术是十分有效的合规落地手段。随着公众数据安全意识的提高和技术本身的不断进步完善，数据安全技术将逐渐呈现出规范化、标准化的趋势，参照相关法律法规要求进行相关产品技术标准制定，应用符合相应技术标准的数据安全技术产品，保证对于敏感数据和个人隐私数据的使用合法合规，将成为未来大数据产业合规落地的一大趋势。

（三）数据安全标准规范体系不断完善

相对于法律法规和针对数据安全技术的标准，在大数据安全保护中，标准和规范也发挥着不可替代的作用。《信息安全技术个人信息安全规范》是个人信息保护领域重要的推荐性标准。标准结合国际通用的个人信息和隐私保护理念，提出了"权责一致、目的明确、选择同意、最少够用、公开透明、确保安全、主体参与"七大原则，为企业完善内部个人信息保护制度及实践操作规则提供了更为细致的指引。2019年6月25日，该标准修订后的征求意见稿正式发布。

一系列聚焦数据安全的国家标准近年来陆续发布。包括《大数据服务安全能力要求》（GB/T 35274—2017）、《大数据安全管理指南》（GB/T 37973—2019）、《数据安全能力成熟度模型》（GB/T 37988—2019）、《数据交易服务安全要求》（GB/T 37932—2019）等，这些标准对中国数据安全领域起到了重要的指导作用。

中国通信标准化协会大数据技术标准推进委员会推出的《可信数据服务》系列规范将个人信息保护推广到企业数据综合合规层面。标准针对数据供方和数据流通平台的不同身份，从管理流程和管理内容等方面对企业数据合规提出了推荐性建议。规范列举了数据流通平台提供数据流通服务时，在平台管理、流通参与主体管理、流通品管理、流通过程管理等方面的管理要求和建议，以及数据供应方提供数据产品时，在数据产品管理、数据产品供应管理等方面需满足和体现服务能力与服务质量的要求。系列规范已于2019年6月发布。

六、大数据发展展望

党的十九届四中全会提出将数据与资本、土地、知识、技术和管理并列作为可参与分配的生产要素，这体现出数据在国民经济运行中变得越来越重要，数据对经济发展、社会生活和国家治理正在产生着根本性、全局性、革命性的影响。

技术方面，我们仍然处在"数据大爆发"的初期，随着5G、工业互联网的深入发展，将带来更大的"数据洪流"，这就为大数据的存储、分析、管理带来更大的挑战，牵引大数据技术再上新的台阶。硬件与软件的融合、数据与智能的融合将带动大数据技术向异构多模、超大容量、超低时延等方向拓展。

应用方面，大数据行业应用正在从消费端向生产端延伸，从感知型应用向预测型、决策型应用发展。当前，互联网行业已经从"IT时代"全面进入"DT时代"（Data Technology）。未来几年，随着各地政务大数据平台和大型企业数据的建成，将促进政务、民生与实体经济领域的大数据应用再上新的台阶。

治理方面，随着国家数据安全法律制度的不断完善，各行业的数据治理也将深入推进。数据的采集、使用、共享等环节的乱象得到遏制，数据的安全管理成为各行各业自觉遵守的底线，数据流通与应用的合规性将大幅提高，健康、可持续的大数据发展环境逐步形成。

然而，中国大数据发展也同样面临着诸多问题。例如，大数据原创性的技术和产品尚不足；数据开放共享水平依然较低，跨部门、跨行业的数据流通仍不顺畅，有价值的公共信息资源和商业数据没有充分流动起来；数据安全管理仍然薄弱，个人信息保护面临新威胁与新风险。这就需要大数据从业者在大数据理论研究、技术研发、行业应用、安全保护等方面付出更多的努力。

新的时代，新的机遇。我们也看到，大数据与5G、人工智能、区块链等新一代信息技术的融合发展日益紧密。特别是区块链技术，一方面区块链可以在一定程度上解决数据确权难、数据孤岛严重、数据垄断等"先天病"。另一方面隐私计算技术等大数据技术也反过来促进了区块链技术的完善。在新一代信息技术的共同作用下，中国的数字经济正向着更加互信、共享、均衡的方向发展，数据的"生产关系"正在进一步被重塑。

第二节　大数据的定义与本质

随着大数据时代的来临，大数据这个词近年来成了关注度极高和使用极频繁的一个热词。然而，与这种热度不太对称的是，大众只是跟随使用，对大数据究竟是什么并没有真正了解。学术界对大数据的含义也莫衷一是，很难有一个规范的定义。虽然说大数据时代刚刚来临，对大数据的含义有着不同的理解完全是正常的，但对于哲学工作者来说，我们还是有必要对其做一个系统的比较和梳理，以便大众更好地把握大数据的内涵和本质。

一、大数据的语义分析

早在1980年，著名未来学家阿尔文·托夫勒在其《第三次浪潮》一书中就描绘过未来信息社会的前景并强调了数据在信息社会中的作用。随着信息技术特别是智能信息采集技术、互联网技术的迅速发展，各类数据都呈现出急剧爆发之势，计算机界因此提出了"海量数据"的概念，并突出了数据挖掘的概念和技术，从海量的数据中挖掘出需要的数据成了一种专门的技术和学科，为大数据的提出和发展做好了技术的准备。2008年9月，《自然》杂志推出了"大数据"特刊，并在封面中特别突出了"大数据专题"。2009年开始，在互联网领域，"大数据"一词成了一个热门的词汇。不过，那个时候的"大数据"概念与现在的"大数据"概念，虽然名字相同，但内涵和本质有着巨大的差别，前者主要局限于计算机行业。

2011年6月，美国著名的麦肯锡咨询公司发表了一份《大数据：下一个创新、竞争和生产力的前沿》的研究报告。在这份报告中，麦肯锡公司不但重新提出了大数据的概念，而且全面阐述了大数据在未来经济、社会发展中的重要意义，并宣告大数据时代的来临。由此，"大数据"一词很快跃出学术界而成为社会大众的热门词汇，麦肯锡公司也成为大数据革命的先驱者。美国的Google、Facebook、Amazon以及中国的百度、腾讯和阿里巴巴，这些数据时代的造富神话更让大众知晓了大数据所蕴藏的巨大商机和财富，成为世界各国政府和公司追逐的对象。2012年2月11日，《纽约时报》发表了头版文章，宣布大数据时代已经降临。2012年6月，联合国专门发布了大数据发展战略，这是联合国第一次就某一技术问题发布报告。英国学者维克托·舍恩伯格的《大数据时代》一书则对大数据技术及其对工作、生活和思维方式的影响进行了全面的普及，因此大数据及其思维模式在全世界得到迅速的传播。从国内来说，涂子沛的《大数据：正在到来的数据革命》让国人及时了解到国际兴起的大数据热，让我们与国际同行保持了同步。

大数据究竟是什么意思呢？从字面来说，所谓大数据就是指规模特别巨大的数据集合，因此从本质上来说，它仍然属于数据库或数据集合，不过规模变得特别巨大而已，因此麦肯锡公司在上述的咨询报告中将大数据定义为"大小超出常规的数据库工具获取、存储、管理和分析能力的数据集。"

维基百科对大数据这样定义：Big Data is an all-encompassing term for any

collection of data sets so large or complex that it becomes difficult to process using traditional data processing applications。中文维基百科则说"大数据，或称巨量资料，指的是所涉及的数据量规模巨大到无法通过人工在合理时间内截取、管理、处理，并整理成为人类所能解读的信息。"

世界著名的美国权威研究机构Gartner对大数据给出了这样的定义"大数据是需要新处理模式才能具有更强的决策力、洞察发现力和流程优化能力的海量、高增长率和多样化的信息资源。"百度百科则基本引用Gartner对大数据的定义，认为大数据，或称巨量资料，指的是需要新处理模式才能具有更强的决策力、洞察发现力和流程优化能力的海量、具有高增长率和多样化的信息资产。

英国大数据权威维克托则在其《大数据时代》一书中这样定义"大数据并非一个确切的概念。最初，这个概念是指需要处理的信息量过大，已经超出了一般电脑在数据处理时所能使用的内存量，因此工程师必须改进处理数据的工具。""大数据是人们获得新认知、创造新价值的源泉；大数据还是改变市场、组织机构，以及政府与公民关系的方法。"

John Wiley图书公司出版的《大数据傻瓜书》对大数据概念是这样解释的"大数据并不是一项单独的技术，而是新旧技术的一种组合，它能够帮助公司获取更可行的洞察力。因此，大数据是管理巨大规模独立数据的能力，以便以合适速度、在合适的时间范围内完成实时分析和响应。"

大数据技术引入国内之后，我国学者对大数据的理解也一样五花八门，不过跟国外学者的理解类似。最早介入并对大数据进行了比较深入的研究的三位院士的观点应该具有一定的代表性和权威性。

邬贺铨院士认为"大数据泛指巨量的数据集，因可从中挖掘出有价值的信息而受到重视。"李德毅院士则说："大数据本身既不是科学，也不是技术，我个人认为，它反映的是网络时代的一种客观存在，各行各业的大数据，规模从TB到PB到EB到ZB，都是以三个数量级的阶梯迅速增长，是用传统工具难以认知的，具有更大挑战的数据。"而李国杰院士则引用维基百科定义"大数据是指无法在一定时间内用常规软件工具对其内容进行抓取、管理和处理的数据集合"，认为"大数据具有数据量大、种类多和速度快等特点，涉及互联网、经济、生物、医学、天文、气象、物理等众多领域"。

我国最早介入大数据普及的学者涂子沛在其《大数据:正在到来的数据革命》中，

将大数据定义为"大数据是指那些大小已经超出了传统意义上的尺度,一般的软件工具难以捕捉、存储、管理和分析的数据。"由于涂子沛的著作发行量比较大,因此他对大数据的这个界定也具有一定的影响力。

从国内外学者对大数据的界定来看,虽然目前没有统一的定义,但基本上都从数据规模、处理工具、利用价值三个方面来进行界定:①大数据属于数据的集合,其规模特别巨大。②用一般数据工具难以处理因而必须引入数据挖掘新工具。③大数据具有重大的经济、社会价值。

二、大数据的哲学本质

大数据究竟是什么?这个问题仅仅从语义和特征来回答,似乎并不能完全揭示出大数据的本质。大数据时代的来临,最重要的是给我们带来了数据观的变革,只有从哲学世界观的视角分析大数据的世界观或数据观,才能真正回答大数据究竟是什么。简单来说,大数据作为一场数据革命,除了带来海量数据,并且这些数据具有4V特征之外,更重要的是大数据带来了数据世界观。在大数据看来,万物皆数据,万物皆可被数据化,大数据刻画了世界的真实环境,并且带来了信息的完全透明化,我们的世界变成了一个透明的世界。

(一)在大数据看来,万物皆由数据构成,世界的本质是数据

世界究竟是什么?这是哲学家长期关注的重大问题。从古希腊哲学家泰勒斯开始,哲学家就开始探索世界的本原,并从 beginning(起源)和 element(要素)两个维度进行了回答。早期自然哲学家曾经把水、火、土、气、原子分别作为本原,而后期的人文哲学家则基本上将人类精神作为本原。马克思主义哲学正是从 beginning 的维度将历史上的所有哲学分为唯物主义和唯心主义,在这一维度,物质和精神是对立的,只能二者选一。从 element 的维度看,物质和精神都是构成世界的要素,而且以往的哲学家和科学家基本认为也只有这两者才是构成世界的终极要素。但刚刚兴起的大数据则认为,除了以往认为的物质和精神之外,数据也是构成世界的终极要素之一,即构成世界的三大终极要素是物质、精神和数据。英国大数据权威维克托·舍恩伯格甚至认为,世界万物皆由数据构成,数据是世界的本质。

万物皆数据,数据是世界的本质,世界上的一切,无论是物质还是意识,最终都可以表述为数据,这样数据就成了物质、意识的表征,甚至将物质和意识关联统一起来。古希腊哲学家毕达哥拉斯从音乐与数字、几何图形与数字的关系中发现了

数据的重要性，提出了"数是万物本原"的思想，强调了数据对世界构成的意义以及对世界认知的影响。无独有偶，老子在数千年前就认识到数据的世界终极本质，在《道德经》中就提出了"道生一，一生二，二生三，三生万物"的思想，把世界的生成与数据联系起来。特别是在《易传》中的阴阳八卦图中，从阴阳两极相反相成，从阴阳两仪，到八卦、六十四卦象等，由此不断演化，最后生成整个世界。两千多年以前的毕达哥拉斯和《道德经》都不约而同地揭示了数据与万物的关系，以及世界的数据本质，充分强调了数据在世界构成中的重要地位。但是，在随后两千多年的历史长河中，数据在人类生活和科学认知中虽然越来越重要，而且也有莱布尼兹、康德、马克思等哲学家关注过数据的重要性，不过总体来说，哲学家对数据基本上是忽视的。随着大数据时代的来临，数据才获得到应有的地位，哲学家才又想起毕达哥拉斯和《道德经》的数据世界观。可以说，大数据时代的来临是毕达哥拉斯和《道德经》所提出的数据世界观的当代回响。

（二）在大数据看来，世界万物皆可被数据化，大数据可实现量化一切的目标

数据是对世界的精确测度和量化，是认知世界的科学工具。自从发明了数字和测量工具，人类就不断地试图对世界的一切进行数据测量、精确记录。古埃及时期，由于尼罗河河水泛滥，人们每年需要重新丈量土地，于是发现了数据的秘密，并发明了测量技术。后来，数据成了测量、记录财富的工具，人们日常生活所接触的大量物品、财产都可以用数据来表征，这个时期的数据可被称为"财富数据"。文艺复兴之后，人们逐渐发明了望远镜、显微镜、钟表等科学测量器具。随着测量技术的进步，测量与数据被广泛应用于科学研究之中。例如天文学家第谷对天文现象进行了大量的观察记录，并积累了大量的天文数据。随后，力学、化学、电磁学、光学、地学、生物学等，各门学科都通过测量走上了数据化、精确化的道路。各门科学积累大量的科学数据，借助于数据，各种自然现象都实现了可测量、可计算的精确化、数据化的目标，自然科学各学科也完成了其科学化的历程。这个时期可被称为"科学数据"时期。

由于人类意识的复杂性，人类及其社会的测量和数据化成为量化一切的拦路虎。社会科学虽然引进自然科学方法，但其数据的客观性往往招致质疑，而人文学科更是停留在思辨的道路上。在传统方法遇到困难的地方，大数据却可以大显身手。大数据用海量数据来测量、描述复杂的人类思想及其行为，让人类及社会也彻底被数据化，这些数据可被称为"人文数据"。所以，大数据时代将数据化的脚步向前迈进了一大步，在财富数据化、科学数据化的基础上，实现了人文社会行为的数据化。因此，从大数据角度来看，数据是物质的根本属性，世界万物皆可被数据化，其一切状态和行为都可以用数据来表征，量化一切是大数据的终极目标。

（三）大数据全面刻画了世界的真实状态，科学研究不必再做理想化处理

真实、全面地认知世界是人类的一种理想，同时也是摆在人类面前的一道难题。真实的世界，无论是自然界还是人类社会，都极为复杂，需要极其繁多的参数才能准确、全面地对其进行描述。但是，由于过去没有先进的数据采集、存储和处理技术，因此不得不对复杂的研究对象进行"孤立、静止、还原"的简单化处理。所谓孤立就是把对象与环境的所有联系都切断，让其成为一个孤立的研究对象，免得受外界的侵扰。所谓静止，就是将本来运动变化的对象做一时间截面，然后就以这一时点的状态代表所有时点的状态。所谓还原是指将复杂的现象逐渐返回到几个简单的要素或原点，然后从要素的性质和状态推演出系统的性质和状态。复杂对象经过简单化处理之后，虽然我们能够认识和把握对象的某些性质和状态，但毕竟经过了简单、粗暴的理想化处理，它已经不能真正反映真实对象和真实世界。

大数据技术使用了无处不在的智能终端来自动采集海量的数据，并用智能系统处理、存储海量数据，不再需要对研究对象做孤立、静止和还原的简单化处理，而是将对象完全置于真实环境之中，使得有关对象的大数据全面反映了复杂系统各个要素、环节、时态的真实、全面状态。这样，在大数据时代，我们可以在真实、自然的状态下研究复杂的对象。大数据记录了真实环境下研究对象的真实状态，因此我们可以利用大数据去真实、完整、全面地刻画复杂的研究对象。这就是说，大数据是真实世界的全面记录，一切状态尽在数据之中，大数据真正客观地反映了对象的真实状态。

（四）万物的数据化带来了世界的透明化，未来的世界是一个透明世界

宇宙万物，复杂多变，人们面对复杂多变的世界时往往感到漆黑一片，难怪哲学家康德会认为，现象世界背后存在着一个物自体，而这个物自体就像一个黑箱，永远无法被人类认知，那是上帝留下的自留地，科学无法涉足其中。这就是说，真实的世界就像一个大黑箱，我们永远无法打开。

但是，大数据技术彻底改变了人类对世界的认知。由于无处不在的智能芯片，整个世界变成了一个智能的世界、充满数据的世界，或者叫智慧世界。通过赋予世界以智慧，就像一切事物都被安装了充满智慧的大脑。无所不知的智能系统可以感知出世界的一切，而且将一切状态都以数据的形式记录、储存下来。通过数据挖掘，我们人类就可以知道世界的一切秘密。康德所设置的科学禁区被大数据所打破，透过大数据，世界变成了一个完全透明的世界，一切都可以被人类所感知、把握和预知。

大数据究竟是什么？这个问题虽然难以用一句话回答，但从大数据的语义中我们知道了大数据意味着数据规模特别巨大，以至于传统的技术手段难以处理。从大数据的4V特征中，我们进一步了解到大数据时代的所谓数据已经从狭义的数字符号走向广义的信息表征，一切信息都是数据。从大数据的哲学本质中，我们更深入地发掘出大数据现象背后所蕴藏的哲学本质：大数据代表着一种新的世界观，万物皆数据，数据是万物的本质属性，而且随着大数据的发展，我们的世界将变成一个完全被数据化的透明世界。

三、大数据时代社会治理方式创新

（一）树立科学大数据的理念是大数据时代社会治理方式创新的前提

随着数据在社会生活作用的日益明显，树立科学的大数据理念对于科学运用大数据具有前置作用。一是重视数据。加强领导干部的数据意识，培养用数据说话的意识和客观分析的理性思维。二是要尊重数据。加强对知识的尊重和对科技人才的重视，提高科技决策在政府决策的地位，使数据成为判断的参考标准。三是要敬畏数据。加强对大数据理论的学习和思考，进一步增强对数据的认知和驾驭能力。

（二）建立广泛的数据获取渠道是大数据时代社会治理方式创新的基础

数据的数量、质量是数据服务社会治理的关键。一是要建立明确的数据权属。制定数据边界清单，厘清数据共享范围。二是要建立数据正常交易渠道。尝试以发达地区为试点，开展大数据交易平台建设的应用，为数据提供合法的、正规的交换平台。三是建立权力与责任统一的数据应用模式。建立监管机制，使商家在使用数据的同时，履行好数据保护和数据清洗的义务。

（三）建设服务型政府是大数据时代社会治理方式创新的关键

政府要加强利用大数据实现政府职能转变，充分运用大数据平台，进一步提高便民服务水平，切实加强人民群众的安全和满意度。一是建立"跑一趟"的服务机制。利用大数据的便利优势，实现政务信息公开，设置查询"一键通"功能，为群众办事提供数字向导，同时减少政府开支。二是加强政府、企业间数据共享。打破数据壁垒是数据共享的关键。加快建立数据共享机制，充分调动相关企业、机关的积极性，构建公民办事信息的全网共享使用，减少重复录入、采集问题。三是打破信息垄断。将数据公开于民，使企业更加便捷地获取想要的数据，更好地分析形势以保证经济的稳健发展。

（四）加强资本防范和技术监管是大数据时代社会治理方式创新的底线

大数据技术异化的背后，是利益相关者之间的博弈，也是资本逐利的外现。新经济不排斥资本的功能，但当资本目标与公共利益发生冲突时，就要毫不犹豫地选择服从公共利益，对资本控制进行防范。只有明确资本走向，扎牢法制围栏，相关部门对市场中各种违法违规行为严加防范、严厉打击，以法治赢得利益各方的信任，才能让资本有效助推大数据发展。此外，要确保大数据安全，还要构筑牢固的技术安全底线。归根结底，大数据是依靠互联网技术支撑的，技术上的控制力在大数据的发展中起到了至关重要的作用。因此，要加大技术创新力度，努力实现关键网络设施及软件产品的国产化，摆脱对西方技术的依赖，从根本上提升大数据平台的安全防护能力。

第三节　大数据的分类与技术

一、大数据网络中数据分类优化

大数据时代的到来给人类生活带来许多便利，涉及各个行业领域。由于数据量的庞大，在进行处理时，较难把握数据的完整性和纯粹性。运用大数据进行数据分类优化可以保证数据质量，提高数据管理效率。本节主要就数据分类优化的相关概念进行阐述，指出传统数据分类方法的不足，探讨数据分类在大数据网络中如何应用。

（一）大数据网络和数据分类优化的相关概念

大数据就是利用计算机对数量庞大的数据进行处理，在一定范围内，无法运用常规数据处理软件对数据的处理加工时，需要开发新的数据处理模式对数据进行处理的方法。

数据分类是指将某种具有共性或相似属性的数据归纳在一起，根据数据特有属性或特征进行检索，方便数据查询与索引。常见的数据分类有连续型和离散型、时间序列数据和截面数据，定序数据、定类数据、定比数据等。数据分类应用较多的是在逻辑学、统计学等学科中。数据分类遵循以下几条原则：一是稳定性。数据分类的标准是数据各组特有的属性，这种属性应是稳定的，以确保分类结果的稳定；二是系统性。数据进行分类必须逻辑清晰，系统有条理；三是可兼容性。数据分类的基本目的就是存储更多数据，在加大数据量时，保证数据的类别可以共存；四是扩充性。数据根据分类标准可以随时扩充；五是实用性。数据分类的目的是对数据进行更好的管理和使用，为此要有明确的分类标准，逻辑清晰，方便索引，数据获取方便。

（二）传统数据分类优化识别方法存在的问题

21世纪是大数据时代，大数据网络衍生大量数据，对数据进行分类尤其重要，传统数据分类缺乏大数据环境带来的优势，对数据分类只是通过计算机的现有分类标准进行粗略划分，给后期数据索引工作造成较大麻烦。常见的数据分类方法造成数据冗余度过高，在数据处理和使用过程中，索引属性或特征遭遇改变，使得最初的数据分类标准变得不明确，对数据管理造成困扰。

1. 分类数据冗余度过高

数据冗余是指数据重复，即一条数据信息可在多个文件中查询得到。数据冗余度适当可以保证数据安全，防止数据丢失。但数据冗余度高会导致数据索引过程中降低数据查询的准确性。很多人在不同地方存放同一数据，进行多次存储和备份，这些操作无形中会增大数据冗余度。只有增加数据独立性，减少数据冗余度可以保证数据资源的质量和使用效率。

2. 数据分类标准不明确

数据分类是为了对数据进行更好的管理和使用，人们进行数据分类是希望适当降低之前操作造成的数据冗余度，但传统数据分类并没有明确的分类标准，对数据进行盲目分类，会在后期索引中造成不便，无法实现数据的有效提取。传统数据分类采用的方法是基于支持向量机的分类方法、基于小波变换算法的分类方法、基于数据增益算法的分类方法，以上几种分类算法造成了数据冗余度过高。

（三）大数据网络中数据分类优化识别探究

1. 实现数据冗余度分类优化

数据冗余度是一个多种类分类的问题，增加数据独立性和降低数据冗余度是计算机分类数据的目标之一。大数据网络优化通过改变分类算法，对数据冗余现象进行处理分析，在数据分类优化识别过程中，利用局部特征分析方法，对冗余数据中的关键信息做二次提取并做相应标记，更换第一次数据识别属性或特征，并将更换过的数据属性作为冗余度数据识别标准，实现冗余度数据的二次分类优化识别。

2. 数据分类标准明确清晰

大数据网络中数据有多个类别，对数据进行分类优化识别必须具有明确清晰的标准，这是传统计算机网络不能做到的。因此要以大数据为研究对象，根据特定标准进行数据分类，提取大数据中的关键属性和特征作为分类标准，在后期数据整理归类时按照相应的分类标准进行归档处理，实现数据的高效管理和使用。研究表明，在 Matlab 的仿真模拟环境中，利用虚拟技术对数据分类优化识别过程进行模拟，根据仿真图像可得出，大数据网络下数据分类处理呈现时域波形，表明数据分类处理结果较为准确。此外，还可以通过向量量化方法对大数据信息流中的关键数据进行获取和处理，作为数据分类优化识别的结果，也获得了理想效果。

大数据网络下对数据进行分类优化识别具有重要意义，通过本节论述，数据冗余度仍然是大数据网络分类优化识别应用的主要问题，数据在输入和使用过程中出现数据冗余等普遍问题，只有加强对数据冗余度的处理，才可以实现数据分类优化识别的目的。数据分类优化识别讲究准确率，提高准确率可以对数据分类优化识别起到关键作用，改进数据分类优化识别方法，在降低数据冗余度的同时，促进大数据网络中数据分类优化识别的进一步发展。

二、大数据时代下的数据挖掘技术

21 世纪是数据信息大发展的时代，移动互联、社交网络、电子商务等都极大拓展了其应用范围，各种数据迅速扩张变大。大数据蕴藏着价值信息，但如何从海量数据中淘换出对客户有用的沙金甚至钻石，是数据工作人员面临的巨大挑战。本节在分析大数据基本特征的基础上，对数据挖掘技术的分类及数据挖掘的常用方法进行了简单分析，以期能够在大数据时代背景下，能够在数据挖掘方向贡献一点力量。

（一）大数据时代数据挖掘的重要性

随着互联网、物联网、云计算等技术的快速发展，以及智能终端、网络社会、数字地球等信息体的普及和建设，全球数据量出现了爆炸式增长，仅 2011 年就达到 1.8 万亿 GB。IDC(Internet Data Center，互联网络数据中心) 预计，到 2020 年全球数据量将增加50倍。毋庸置疑,大数据时代已经到来。一方面,云计算为这些海量的、多样化的数据提供了存储和运算平台;另一方面,数据挖掘和人工智能从大数据中发现知识、规律和趋势,为决策提供信息参考。

如果运用合理的方法和工具,在企业日积月累形成的浩瀚数据中,是可以淘到沙金的,在一些信息化较成熟的行业,就有这样的例子。比如银行的信息化建设就非常完善,银行每天生成的数据(如储户的存取款数据、ATM交易数据等)数以万计。

数据挖掘是借助IT手段对经营决策产生决定性影响的一种管理手段。从定义上来看,数据挖掘是指一个完整的过程,该过程是从大量、不完全、模糊和随机的数据集中识别有效的、可实用的信息,并运用这些信息做出决策。

(二)数据挖掘的分类

数据挖掘技术从开始单一门类的知识逐渐发展成为一门综合性的多学科知识,并由此产生了很多的数据挖掘方法,这些方法种类多,类型也有很大的差别。为了满足用户的实际需要,现对数据挖掘技术进行如下几种分类:

1. 按挖掘的数据库类型分类

利用数据库对数据分类成为可能是因为数据库在对数据储存时就可以对数据按照其类型、模型以及应用场景的不同来进行分类,根据这种分类得到的数据在采用数据挖掘技术时也同样适用。对数据的分类有两种情况,一种是根据其模型来分类,另一种是根据其类型来分类。前者包括关系型、对象—关系型以及事务型和数据仓库型等,后者包括时间型、空间型和Web型。

2. 按挖掘的知识类型分类

这种分类方法是根据数据挖掘的功能来实施的,其中包括多种分析的方式,例如相关性、预测及离群点分析方法,充分的数据挖掘不仅仅是一种单一的功能模式,而是各种不同功能的集合。同时,在上述分类的情况下,还可以按照数据本身的特性和属性来对其进行分类,如数据的抽象性和数据的粒度等,利用数据的抽象层次来分类时可以将数据分为三个层次,即广义知识的高抽象层、原始知识的原始层以及多层知识的多个抽象层。一个完善的数据挖掘可以实现对多个抽象层数据的挖掘,找到其有价值的知识。另外,在对数据挖掘进行分类时还可以根据其表现出来的模式及规则性和是否检测出噪声来分类,一般来说,数据的规则性可以通过多种不同的方法挖掘,如相关性和关联分析以及通过对其概念描述和聚类分类、预测等方法,同时还可以通过这些挖掘方法来检测和排除噪声。

3. 按所用的技术类型分类

数据挖掘的时候采用的技术手段千变万化，如可以采用面向数据库和数据仓库的技术以及神经网络和可视化等技术手段；同时用户在对数据进行分析时也会使用很多不同的分析方法，根据这些分析方法的不同可以分为遗传算法、人工神经网络等等。一般情况下，一个庞大的数据挖掘系统是集多种挖掘技术和方法的综合性系统。

根据数据挖掘应用的领域来进行分类，包括财经行业、交通运输业、网络通信业、生物医学领域等，在这些行业或领域中都有满足自身要求的数据挖掘方法。对于特定的应用场景，此时就可能需要与之相应的特殊的挖掘方法，并保证其有效性。综上所述，基本上不存在可以在所有的行业中都能使用的数据挖掘技术，每种数据挖掘技术都有自身的专用性。

（三）数据挖掘中常用的方法

目前数据挖掘方法主要有四种，这四种方法包括遗传、决策树、粗糙集和神经网络算法。以下对这四种算法进行一一解释说明。

遗传算法：该算法依据生物学领域的自然选择规律以及遗传的机理发展而来，是一种随机搜索的算法，利用仿生学的原理来对数据知识进行全局优化处理。这种算法具有隐含并行性、易与其他模型结合等优点，这些优点使其在数据挖掘中得到了应用。

决策树算法：在对模型的预测中，该算法具有很强的优势，利用该算法对庞大的数据信息进行分类，从而对有潜在价值的信息进行定位，这种算法的优势也比较明显，利用这种算法对数据进行分类时非常迅速，同时描述起来也很简洁。在大规模数据处理时，这种方法的应用性很强。

粗糙集算法：这个算法将知识的理解视为对数据的划分，将这种划分的一个整体叫作概念，这种算法的基本原理是将不够精确的知识与确定的或者准确的知识进行类别同时进行类别刻画。

神经网络算法：光缆监测及其故障诊断系统对于保证通信的顺利至关重要，同时这种技术方法也是顺应当今时代的潮流必须推广使用的方法。该诊断技术为通信管网和日常通信提供了可靠的技术支持和后期保证。

第四节　大数据的特征

一、大数据的 4V 特征

我们从大数据的概念中很难把握大数据的属性和本质，因此国内外学者都在大数据概念的基础上继续深入探讨大数据的基本特征，其中最有代表性的是大数据的 3V 特征或 4V 特征。所谓大数据的 3V 或 4V 特征是指大数据所具有的三个或四个以英文字母 V 打头的基本特征。所谓的 3V 是指 Volume（体量）、Variety（多样）、Velocity（速度），这三个 V 是比较公认的，基本上没有争议。而 4V 是在 3V 的基础上再加上一个 V，而这个 V 究竟是什么，目前有比较大的争议。有人将 Value（价值）作为第四个 V，而有人将 Veracity（真实）当作第四个 V。笔者曾经将 Value 当作第四个 V，但现在则认为 Veracity 似乎更能代表大数据的第四个基本特征。

（一）Volume（数据规模巨大）

大数据给人印象最深的是数据规模巨大，以前也被称为海量，因此大数据的所有定义中必然会涉及大数据的数据规模，而且特别指出其数据规模巨大，这就是大数据的第一个基本特征：数据规模巨大。

从古埃及开始，人们就学会了丈量土地、记录财产，数据由此产生。古埃及、巴比伦、古希腊都用纸草、陶片作为数据记录的工具，数据规模极其有限。古代中国也很早就有丈量土地和记录财富的历史，先是用陶片、竹片、绢布等做记录工具，后来有了纸张、印刷术等，各种数据更容易被记录，于是就有了"学富五车"的知识渊博的人，以及"汗牛充栋"的图书收藏机构。不过古人引以为豪的事情如今看来只是"小儿科"。如今大数据的规模究竟有多大呢？虽然没有一个确切的统计数字，但我们可以举例描述其规模。现在一天内在 Twitter 上发表的微博就达到 2 亿条，7 个 TB 的容量，50 亿个单词量，相当于《纽约时报》出版 60 年的单词量。阿里巴巴通过其交易平台积累了巨大的数据，截至 2014 年 3 月，阿里已经处理的数据就达到 100PB，等于 104 857 600 个 GB 的数据量，相当于 4 万个西雅图中央图书馆，580 亿本藏书的数据。腾讯 QQ 目前拥有 8 亿用户，4 亿移动用户，在数据仓库存储的单机群数量已达到 4 400 台，总存储数据量经压缩处理以后在 100PB 左右，并且这一数据还在以日新增 200TB 到 300TB，月增加 10% 的数据量增长，腾讯的数据平台部门正在为 1 000 个 PB 做准备。

随着大数据时代的来临，各种数据呈爆炸性增长。从人均每月互联网流量的变化就可以窥见一斑。1998 年网民人均月流量才 1 MB，到 2000 年达到 10MB，到 2008 年平均一个网民是 1 000MB，到 2014 年是 10 000MB。在芯片发展方面，有一个著名的摩尔定律，说的是每 18 个月，芯片体积要减小一半，价格降一半，而其性能却要翻一倍。在数据的增长速度上，有人也引用摩尔定律，认为大概每 18 个月或 2 年，世界的数据量就要翻一番。2000 年，全世界的数据存储总量大约 800 000PB，而预计到 2020 年，世界的数据存储量将达到 35ZB。以前曾有人提出知识爆炸论而备受争议，而如今的数据暴增已是摆在我们面前的现实。

（二）Variety（数据类型多样）

大数据并不仅仅表现为数据量的暴增及数据总规模的庞大无比，最为关键的是，在大数据时代，数据的性质发生了重大变化。在传统数据时代，数据的含义和范围是狭义的。所谓数据，其原意是指"数+据"，即由表示大小、多少的数字，加上表示事物性质的属性，即所谓的计量单位。狭义的数据指的是用某种测量工具对某事物进行测量的结果，而且一定是以数字和测量单位联合表征。但在大数据时代，数据的含义和属性发生了重大变化，数据的范围几乎无所不包，除了传统的"数+据"之外，似乎能被 0 和 1 符号表述，能被计算机处理的都被称为数据。也可以说，大数据时代就是信息时代的延续与深入，是信息时代的新阶段。在大数据时代，数据与信息基本上是同义词，任何信息都可以用数据表述，任何数据都是信息。这样数据的范围就得到了巨大的扩展，即从狭义的数字扩展到广义的信息。

传统的数据属于具有结构的关系型数据，也就是说数据与数据之间具有某种相关关系，数据之间形成某种结构，因此被称为结构型数据。例如，我们的身份证都是按照 19 位的结构模式进行采集和填写数据的，手机号码都是 11 位的数据结构，而人口普查、工业普查或社会调查等数据采集都是事先设计好固定项目的调查表格，按照固定结构填写，否则因无法做出数据处理而被归入无效数据。在大数据时代，除了这种具有预定结构的关系数据之外，更多的是属于半结构和无结构数据。所谓半结构就是有些数据有固定结构，有些数据没有固定结构，而无结构数据则没有任何的固定结构。结构数据是有限的，而半结构和无结构数据却几乎是无限的。例如，文档资料、网络日志、音频、视频、图片、地理位置、社交网络数据、网络搜索点击记录、各种购物记录等等，一切信息都被纳入数据的范围而带来了大数据的数据类型多样的特征，也因此带来了所谓的海量数据规模。

（三）Velocity（数据快捷高效）

大数据的第三个特征是数据的快捷性，指的是数据采集、存储、处理和传输速度快、时效高。小数据时代的数据主要依靠人工采集而来，如天文观测数据、科学实验数据、抽样调查数据以及日常测量数据等。这些数据因为依靠人工测量，所以测量速度、频次和数据量都受到了一定的限制。此外，这些数据的处理往往也是费钱费力的事情，比如人口普查数据，因为涉及面广，数据量大，每个国家往往只能10年做一次人口普查，而且每次人口普查数据要经过诸多部门和人员多年的统计、处理才能得到所需的数据。人口普查数据公布之时，人口情况早已发生了巨大的变化。

在大数据时代，数据的采集、存储、处理和传输等各个环节都实现了智能化、网络化。由于智能芯片的广泛应用，数据的采集实现了完全智能化和自动化，数据的来源从人工采集走向了自动生成。例如，上网自动产生的各种浏览记录，社交软件产生的各种聊天、视频等记录，摄像头自动记录的各种影像，商品交易平台产生的交易记录，天文望远镜的自动观测记录等等。由于数据采集设备的智能化和自动化，自然界和人类社会的各种现象、思想和行为都被全程记录了下来，因此形成了所谓的"全数据模式"，这也是大数据形成的重要原因。此外，数据的存储实现了云存储，数据的处理实现了云计算，数据的传输实现了网络化。因此，所有数据都从原来的静态数据变为动态数据，从离线数据变为在线数据，通过快速的数据采集、传输和计算，系统可以做出快速反馈和及时响应，从而达到即时性。

（四）Veracity（数据客观真实）

大数据的第四个特征是数据的真实性。数据是事物及其状态的记录，但这种记录也因是否真实反映事物及其状态而产生了数据的真实性问题。由于小数据时代的数据都是人工观察、实验或调查而来的，人的主观性难免被渗透到数据之中，这就是科学哲学中著名的"观察渗透理论"。我们在观察、实验或问卷调查的时候，首先就要设置我们采集数据的目的，然后根据目的设计我们的观察、实验手段，或者设计我们的问卷以及选择调查的对象，这些环节中都强烈渗透着我们的主观意志。也就是说，小数据时代，我们先有目的，后有数据，因此，这些数据难免被数据采集者干预，很难保持其客观真实性。

但在大数据时代，除了人是智能设备的设计和制造者之外，我们人类并没有全程参与到数据的采集过程中，所有的数据都是由智能终端自动采集、记录下来的。采集、记录数据只是智能终端的一种基本功能，是顺便采集、记录下来的，并没有什么目的。有时候甚至认为这些数据属于数据垃圾或数据尘埃，先记录下来，究竟有什么用，以后再说。也就是说，在大数据时代，我们是先有数据，后有目的。这样，由于数据采集、记录过程中没有了数据采集者的主观意图，这些数据就没有被主体干预。也就是说，大数据中的原始数据并没有渗透理论，因此确保了其客观真实性，真实反映了事物及其状态、行为。

二、大数据的采集方法

（一）系统日志采集方法

对于系统日志采集，很多互联网企业都有自己的海量数据采集工具，如 Hadoop 的 Chukwa，Cloudera 的 Flume，Facebook 的 Scribe 等，它们均采用分布式架构，能满足每秒数百 MB 的日志数据采集和传输需求。

（二）网络数据采集方法：对非结构化数据的采集

网络数据采集可以将非结构化数据从网页中抽取出来，将其存储为统一的本地数据文件，并以结构化的方式存储。可以通过网络爬虫或网站公开 API 等方式从网站上获取数据信息。它支持图片、音频、视频等文件或附件的采集，附件与正文可以自动关联。对于网络流量的采集可以使用 DPI 或 DFI 等带宽管理技术进行处理。

（三）其他数据采集方法

对于企业生产经营数据或学科研究数据等保密性要求较高的数据，可以通过与企业或研究机构合作，使用特定系统接口等相关方式采集数据。

三、大数据存储（导入）和管理

（一）并行数据库

并行数据库系统大部分采用了关系数据模型并且支持 SQL 语句查询，其是在无共享的体系结构中进行数据操作的数据库系统。

（二）NoSQL 数据管理系统

NoSQL 指的是 "Not Only SQL"，即对关系型 SQL 数据系统的补充。NoSQL

最普遍的解释是"非关系型的",其强调键值存储和文档数据库的优点,而不是单纯地反对关系型数据库。它采用简单数据模型、元数据和应用数据的分离、弱一致性技术,使 NoSQL 能够很好地应对海量数据的挑战。

(三)云存储与云计算

在云计算概念上延伸和发展出来的云存储,是一种新兴的网络存储技术,将网络中大量不同类型的存储设备通过应用软件集合起来协同工作,共同对外提供数据存储和业务访问功能的一个系统。云存储是一个以数据存储和管理为核心的云计算系统。

(四)实时流处理

所谓实时系统,是指能在严格的时间限制内响应请求的系统。流式处理就是指源源不断的数据流过系统时,系统能够不停地连续计算。所以,流式处理没有严格的时间限制,数据从进入系统到出来结果可能需要一段时间。然而,流式处理唯一的限制是系统长期来看的输出速率应当快于或至少等于输入速率。否则,数据会在系统中越积越多。

四、大数据的分析

数据分析主要利用分布式数据库,或者分布式计算集群来对存储于其内的海量数据进行普通的分析和分类汇总等,以满足大多数常见的分析需求。统计与分析这部分的主要特点和挑战是分析涉及的数据量大,其对系统资源,特别是 I/O 会有极大的占用。如果是一些实时性需求会用到 EMC 的 GreenPlum、Oracle 的 exarata,以及 MySQL 的列式存储 Infobright 等,而一些批处理,或者基于半结构化数据的需求可以使用 Hadoop。

五、大数据的挖掘与展示

大数据技术不在于掌握庞大的数据信息,而是将这些含有意义的数据进行专业化处理,将海量的信息数据在经过分布式数据挖掘处理后将结果可视化。数据可视化主要是借助于图形化手段,清晰有效地传达与沟通信息。依据数据及其内在的模式和关系,利用计算机生成的图像来深入认识和知识。这样就对数据可视化软件提出了更高的要求。数据可视化应用软件的开发迫在眉睫,数据可视化软件的开发既要保证实现其功能用途,同时又要兼顾美学形式。例如,标签云、聚类图、空间信息流、热图等。

大数据成为推动经济转型发展的新动力。以数据流引领技术流、物质流、资金流、人才流，将深刻影响社会分工协作的组织模式，促进生产组织方式的集约和创新。大数据成为重塑国家竞争优势的新机遇。在全球信息化快速发展的大背景下，大数据已成为国家重要的基础性战略资源，正引领新一轮科技创新。大数据还成为提升政府治理能力的新途径。大数据应用能够揭示传统技术方式难以展现的关联关系，推动政府数据开放共享，促进社会事业数据融合和资源整合，将极大提升政府整体数据分析能力，为有效处理复杂社会问题提供新的手段。

第五节　大数据产业协同创新动因

自 2015 年国家出台《促进大数据发展行动纲要》至今，我国涉及大数据发展的国家政策已多达 63 项，参与发布政策的部门包括国务院、发改委、交通运输部和工信部等。2014 年以来，大数据已连续六年被写进政府工作报告，更在"十三五"规划纲要中被提升为国家战略。2016 年，由国家信息中心、中国科学院计算技术研究所、浙江大学软件学院、清华大学公共管理学院、财经网等 60 余家单位共同发起成立了"中国大数据产业应用协同创新联盟"；2017 年，教育部规划建设发展中心、曙光信息产业股份有限公司和国内数十所高校共同发布了大数据行业应用协同创新规划方案。由此可见，政府、科研院所、高校及企业均高度重视大数据产业的发展。

一、国内外研究现状

早在 1980 年，美国著名学者阿尔文·托夫勒就在《第三次浪潮》一书中提出了大数据的概念，随后，关于大数据的研究热潮席卷全球。Suthaharan 讨论了利用几何学习技术与现代大数据网络技术处理大数据分类的问题和挑战，并重点讨论了监督学习技术、表示学习技术与机器终身学习相结合的问题。Gandomi 等结合从业者和学者的定义，对大数据进行了综合描述，并强调需要开发适当、高效的分析方法，对大量非结构化文本、音频和视频格式的异构数据进行分析与利用。韩国学者 Kwon 等在相关研究中提到了大数据产业并构建了大数据产业发展的政策体系。

国内对大数据的研究虽然起步较晚，但与经济发展的联系更为紧密。邱晓燕等基于产业创新链视角，围绕产业链、技术链与价值链，对大数据产业技术创新力进行了分析，并通过比较案例分析法发现，在大数据产业链方面，我国与发达国家相比存在较大差距，提出从技术创新链、市场机制和评价体系三方面提升我国大数据产业的创新力。周曙东通过编制大数据产业投入产出表，并利用2017年全国投入产出调查数据，测度了大数据产业对经济的贡献度，为制定大数据产业发展战略提供了重要参考。刘倩分析了大数据产业的政策演进及区域科技创新的相关要素，从驱动、集聚等角度分析了大数据产业促进科技创新的作用机制，并实证分析了大数据产业推动区域科技创新的路径。沈俊鑫等利用贵州省大数据产业发展数据，分别运用BP神经网络模型和熵权-BP评价模型对其发展能力进行评价，研究结果表明，后者的评价更为精确。周瑛等从宏观、中观和微观三个方面对影响大数据产业发展的因素进行了理论分析，并运用德尔菲法和层次分析法实证分析影响大数据产业发展的主要因素，结果表明，影响大数据产业发展的因素由大到小依次为宏观因素、中观因素和微观因素。胡振亚等指出，大数据是创新的前沿，并从知识、决策、主体和管理四个方面阐释了大数据对创新机制的改变。王永国从顶层设计、人才队伍等角度分析了大数据产业协同创新如何推动军民融合深度发展。吴英慧对美国大数据产业协同创新的主要措施和特点进行了深入剖析，以期为我国大数据战略的实施提供决策参考。

综上所述，国内外学者对大数据及大数据产业的研究已经取得了较为丰硕的成果，但学术界对大数据产业尚未形成统一的界定，且鲜有文献对大数据产业协同创新发展进行深入系统的研究。因此，本节结合我国大数据产业发展的实际情况，探讨大数据产业协同创新的动因，并提出大数据产业协同创新推进策略，以期为我国大数据产业的发展提供参考。

二、大数据产业协同创新及其动因分析

（一）大数据产业协同创新

1. 大数据产业协同创新的概念

大数据产业协同创新是指政府部门、科研院所、高等院校、企业等多主体共同参与，以互联网、物联网、大数据应用为导向，充分发挥各单位资源优势，因势利导，最终通过挖掘大数据价值来促使大数据产业成为经济增长的重要支撑。大数据产业协同创新响应了国家"大众创业、万众创新"的号召，多元利益主体在良好的政策环境下共同提升大数据产业整体的理论研究和应用水平，进而形成健康的大数据产业发展生态。

在"互联网+"背景下，大数据产业的协同发展模式呈现多样化，主要体现在战略协同、产业协同和技术协同三个方面。战略协同主要是根据大数据产业的特殊性，在"中国制造2025"战略背景下，通过工业化和信息化的融合发展有效促进大数据产业协同创新发展。两化的融合发展激发了制造业的创新活力，促进了大数据产业与制造业的协同创新。大数据产业的发展将促进制造业向高端化迈进，制造业又将反过来促进大数据产业的持续创新发展。产业协同主要是指在两化融合的基础上，抓住智能制造发展的契机，以工业大数据的深度分析为智能制造提供技术支持。工业互联网驱动工业智能化，大数据产业中的云服务、物联网等将推动智能制造业的创新发展。技术协同主要是指人工智能技术与大数据技术的相互渗透，通过利用已有人工智能技术来促进大数据产业的创新发展以及实现产品的智能化。从发展的角度可以看出，大数据产业协同创新生态体系的发展是不断升级的，创新模式由线性向生态化发展。

2.大数据产业协同创新运行机制

大数据产业协同创新的核心运行机制是资源共享机制。大数据产业利用协同创新平台整合相关的知识、技术、人才等资源，从而产生集聚效应，促进创新活动的开展。通过产业链上游与下游的连接，高端化的创新资源可以得到充分共享与利用。通过大数据产业协同创新，将不同参与者的运营情况信息进行整合、分析与处理，并将处理后的信息反馈给各参与主体，这样有助于为各参与者的进一步发展提供决策参考。通过完善价值链，实现参与主体的价值升级，并借助互联网平台实现人与信息的交互，有助于持续推动大数据产业的协同创新发展。

（二）大数据产业协同创新动因分析

大数据产业协同创新的特征。大数据产业主要以互联网为载体，产业链的上下游贯穿着消费主体对数据的利用，因此，大数据产业协同创新的特征表现为协同领域广和协同模式多样化。协同领域广主要体现在以下几个方面：在产业领域，大数据产业协同创新有助于降低各产业的成本，促进价值增值，促进科学决策；在教育领域，大数据产业协同创新实现了教育决策的科学化和民主化；在军民融合领域，大数据产业协同创新推动了军民融合产业的深度发展；在城市治理领域，人们利用大数据技术采取数据规训的方式成功实现了城市的秩序规训。协同模式多样化主要体现在三个方面。第一，战略目标协同。大数据产业协同创新必然将多个产业的发展战略目标进行有效整合，在双方达成共识后，相互合作，利益共享。第二，产业梯度与差异化协同。大数据产业在协同创新发展过程中的梯度化和差异化能够有效促进大数据产业协同创新的高质量发展。第三，法治保障协同。大数据产业的特点在于数据的无形性，因此，对知识产权的保护尤为重要，其有利于促进各主体的良性竞争。

大数据时代，我国传统的经济发展模式已不能驱动经济更高质量的发展，国民经济转型升级迫在眉睫。在此背景下，大数据产业协同创新与新旧动能转换、产业转型升级等要求高度契合，是去产能、去库存的重要技术手段，是促进经济增长的新动力。信息技术的发展催生了包括大数据在内的人工智能、云计算等高新技术，持续更新升级的信息技术将为这些前沿技术的融合编织稳固的纽带。在此基础上，这些前沿技术的协同创新将具有实现超级规模数据库的建立、超快速的数据分析、超高精度的数据处理等强大性能。将这些技术应用到国民经济的各个领域中，有助于推动这些领域的创新，从而为国民经济的发展注入新动力。

大数据产业协同创新是提升政府治理能力的新途径。大数据产业协同创新将从加强政府公共服务职能、提高政府政务服务能力、完善政府信息公开制度、加强政务监管四个方面提升政府治理能力。

首先，大数据产业协同创新有助于加强政府的公共服务职能，推进服务型政府的建立。交通、基础设施等领域是民众使用高频、需求迫切的公共服务领域。在大数据产业协同创新过程中，政府有关部门可以利用大数据技术挖掘国民对公共服务的精细化需求，为政府高效履行职能提供决策依据。

其次，大数据产业协同创新有助于提高政府的政务服务能力，推进智慧型政府的建立。大数据技术是一种新兴前沿技术，政府有关部门已开始利用大数据技术将数据的规模计算、分析、处理应用于日常管理工作。大数据技术的利用有助于政府梳理海量数据，挖掘数据价值；有助于政府开通电子政务平台，实施电子政务操作，从而推动形成政府治理现代化体系。

再次，大数据产业协同创新有助于完善政府信息公开制度，推动开放型政府的建立。应利用大数据技术对政府工作领域内的微型数据、小型数据、大型数据进行综合分析、处理，从中挖掘出与城乡居民联系密切的有价值的数据并在政务信息中公开，以促进政府数据的开放共享。

最后，大数据产业协同创新有助于加强政务监管，推进阳光型政府的建立。大数据产业协同创新将有效汇集政府工作各个环节的数据，通过大数据技术的分析功能，识别并锁定权力运行的合理范围，对权力进行有效监督，促使权力在阳光下运行。

大数据产业协同创新是实施创新驱动发展战略的现实需求。大数据产业协同创新将渗透各个行业，带动各个行业的创新，进而驱动整个国民经济的发展。随着大数据在工业、金融业、健康医疗业等产业的应用不断深化，产业的发展方式将逐渐转变，产业发展也将不断获得新的动力。在工业方面，2018年6月工信部印发的《工业互联网发展行动计划(2018—2020年)》，明确提出推动百万工业企业上云，而此计划只有通过工业与大数据产业协同创新才能实现。这种新型的工业发展方式是工业转型发展的有益实践，将有助于提升国民经济现代化的速度、规模和水平。在金融业方面，由大数据处理带来的量化交易等智能投顾将为金融业开辟新的蓝海市场。这种智能投顾方式不仅能弥补传统金融交易的某些不足，还能减少交易成本。在健康医疗产业方面，大数据产业的协同创新将有助于推动"互联网＋健康医疗"数据库的建立，满足患者个性化的需求，开启多元医疗应用市场，发挥健康医疗等新兴产业，拉动经济增长的引擎作用。此外，大数据产业协同创新也将减少市场中交易主体信息不对称的问题。无论在哪种市场，都可以依据某一现实应用需求采集数据建立相应的数据库，大数据技术将帮助企业、个人从海量的数据库中挖掘出所需信息，帮助企业、个人进行交易决策，减少信息不对称问题的发生。

三、大数据产业协同创新推进策略

近年来，我国大数据产业协同创新获得了快速发展，但也存在一些问题。首先，虽然协同创新的规模大，但质量较低。低端的大数据产业协同创新难以形成规模效应，开发成本较高。其次，虽然大数据产业协同创新模式多样，但缺乏有效模式的创新。很多大数据产业协同创新模式不可复制、不可推广。最后，大数据产业与传统产业之间难以实现有效融合。产业结构的不合理给大数据产业协同创新带来了严重阻碍。基于以上问题，本节提出以下对策建议。

（一）构建大数据产业协同创新生态体系

随着经济的快速发展和科学技术的不断更迭，大数据产业在我国发展迅速。信息通信技术的快速发展为大数据产业的发展提供了技术支持，国家大数据战略和各级政府相关政策部署加快了大数据产业的发展进程。在诸多利好因素的影响下，我国大数据产业蓬勃发展，市场潜力逐步显现。从区域发展来看，我国大数据产业区域发展差异较为明显，东部发展迅速，西部次之，中部再次之，东北部排在最后，但各地区大数据产业规模都呈增长之势。我国具有代表性的大数据产业集聚区主要有京津冀地区、珠三角地区、长三角地区和大西南地区。其中，大数据产业最集聚的地区是京津冀地区，其辐射范围也在逐渐扩大；利用信息产业和计算中心的优势，珠三角地区不断加强大数据产业的集聚发展；长三角地区则积极推动大数据应用于公共服务领域；大西南地区利用政策优势，积极培育、引入大数据产业以带动区域经济的发展。我国大数据产业市场规模在2018年达到437.8亿元，是2012年市场规模的近13倍，预计到2020年我国大数据市场产值将突破10 000亿元，成为我国新的经济增长点。

（二）积极探索大数据产业协同创新模式

既具特色又可以复制推广的大数据产业协同创新模式可以为大数据产业的可持续发展提供动力。大数据产业作为新兴战略产业，其发展打破了传统产业发展的模式，通过注入"互联网+"的活力，与其他产业协同发展，构建出以企业为核心的大数据产业协同创新模式。有关部门应借助互联网中的云服务，引导其他产业与大数据产业协同发展，运用互联网技术优化整合两者之间的组织关系和发展关系。要结合市场化、信息化原则，推动大数据产业链向高端发展，使产业协同发展的效率不断提高。通过成立区域"协同创新战略联盟"，建立合作团队，共同规划本区域大数据产业协同创新发展模式。以战略联盟为纽带，形成分支智库，从技术、管理、运营等多方面探讨协同创新模式的构建，并通过不断尝试，形成较为成熟的协同创新模式。

（三）推动大数据产业科技资源信息共建共享

从现有情况来看，科技资源共享主要存在有偿共享和不共享两种情况，只有一小部分是无偿的和共享的，而且共享方式比较单一。虽然有关部门搭建了很多网络平台，但其仅仅提供某些资源的信息简介，并不展现具体的资源内容。因此，有必要搭建大数据产业协同创新发展科技资源信息共享平台，将不同部门收集到的信息资源进行共享。政府各部门应对资源进行有效协调，保证信息沟通顺畅，解决好多种来源信息的管理问题；定期对资源保存单位开展监督和评价工作，为科技资源信息的共享保驾护航；处理好政府与科研单位之间的信息管理关系，因为很多科技资源信息都是由科研单位提供的，政府要求资源信息共享，难免会受科研单位的限制，因此，政府应设立专门的岗位，安排专人从事资源的共享共建工作；参与共享共建的单位应积极履行共享协议，对共享资源的利用情况及时给予反馈。

（四）促进大数据产业结构不断优化升级

大数据产业结构的优化升级主要涉及大数据对于政府、企业和个人的应用价值的提升。首先要挖掘大数据在企业商业方面的价值，这是实现企业资源优化配置的关键所在。企业是大数据产业协同创新的重要载体，因此，要利用大数据技术深度挖掘企业在发展大数据产业方面的客观条件，择优选择出优质企业来推动大数据产业的协同创新发展。大数据产业在积极挖掘商业价值的同时，也要兼顾政府和个人方面的价值，使整体发挥出的经济效益最大化。大数据分析结果可以为政府决策提供参考，有助于改善民生。政府不仅是大数据的主要支配者，也是大数据产业协同创新发展的主要评价者。在工业化和信息化深入融合的背景下，大数据在促进企业特别是工业企业信息化水平的提升方面能够起到至关重要的作用，而工业企业信息化水平的提升能促进相关产业链的延伸并推动产业链向高端发展。为保证大数据产业协同创新的顺利进行，政府必须做好统筹规划、协调、组织等工作。为保证市场在资源配置中起决定性作用，也要充分发挥市场的作用。此外，在"互联网+"和智能制造背景下，需要重视"未来型"大数据的建设。所谓"未来型"大数据建设，就是在网民不断增加的背景下，大数据在未来可以持续产生、不断积累，并被运用到社会生活的各个领域，进而为大数据产业协同创新发展打下坚实的基础。

第二章 大数据时代下财务管理理论研究

第一节 大数据的财务管理体系

随着社会经济的不断发展，网络技术的突飞猛进，大数据时代已来临。在这个时代，人们的生活和工作等均受到了相应程度的影响。对于企业来说，无论任何时期，财务管理工作都要重点来抓。如何适应大数据环境，企业要能够结合自身的经营状况，适时地进行调整，对财务管理体系进行不断的完善，这样才能最终提高企业的管理水平。本节首先阐述了大数据对传统企业财务管理体系建设的影响，其次从两个方面阐述了大数据给企业财务管理体系建设带来的机遇与挑战，最后列举了在大数据时代下企业开展管理体系建设的有效措施，以帮助企业能够更快更稳步地发展。

一、大数据对传统企业财务管理体系建设的影响

在大数据时代下，企业要能够顺应经济时代的不断变化，及时调整财务管理体系，对财务管理体系进行完善和健全。目前，企业要加强部门之间的沟通，实现会计信息数据的沟通和共享，要将所有的会计数据信息进行重新分析和判断，对于一些非财务会计信息，要进行整理和标注，以便不时之需。另外，大数据时代下，企业的各项业务中所涉及的财务会计信息数据都可以通过计算机得以实现，提高了财务管理工作的效率，节省了人力、物力，同时提高了会计信息的使用率。大数据时代，对财务工作人员也提出了更高的要求，财务工作人员不仅仅要掌握会计专业知识和技能，同时也要将知识面拓宽，与财务管理工作相涉及的学科也要对其有所了解，如法律学、概率学、统计学等，只有全面提升财务工作人员的能力，才能为企业的发展提供可靠的人力资源支持，最终提高企业的管理水平。

二、大数据给企业财务管理体系建设带来的机遇与挑战

（一）大数据下企业财务管理体系建设面临的机遇

1. 有效提升企业对财务数据处理的效率

在传统的手工记账时代，由于财务信息数据的纷繁复杂，财务工作人员在处理数据时，不仅工作效率低，而且财务数据的准确性差，无论是人力或物力都耗费了大量的成本。进入大数据时代，财务信息数据得到了快速的处理，同时准确性也得到了很大的提高，人力物力成本也有了大幅的降低，所以在信息数据处理上完全颠覆了传统的手工记账。现阶段，企业财务管理体系的重要工作就是要将财务数据处理工作尽可能地规范化和科学化，保证财务数据处理工作能够持续地进行，为企业的发展奠定坚实的基础。

2. 大力改善企业的预算分析和管理能力

企业在发展中的预算分析能力是否高效，直接决定着企业未来的发展决策和经济管理水平，所以高效的预算分析能够帮助企业进行管理，同时也可以提高企业的经济管理水平。在大数据时代下，财务管理信息体系的建立，加之云计算软件的应用，使企业对于财务数据的分析能力有了很大的提高，与此同时企业的预算分析能力也更为精确和科学，所以从一定程度上也提高了企业的管理能力。

3. 降低了企业的经营风险

现阶段，随着经济市场竞争的日益激烈，如何降低企业的经营风险，已经成为企业在经营管理中的重要研究课题。

企业信息共享平台的建立，方便了企业对财务信息数据进行随时跟踪，一旦发现其中存在问题和风险，可以及时地进行补救，以防止风险和问题的扩散。另外，通过信息共享平台，企业可以对风险发生的规律做预测和分析，从一定程度上也降低了企业的风险发生概率。

（二）大数据时代下企业财务管理体系建设面临的挑战

1. 企业财务管理体系建设的内涵发生了转变

大数据时代，财务管理体系的内涵发生了很大的转变，由之前的管理型转向了价值型，加之一些信息化数据处理技术的发展，财务系统的智能化、实时化等特征有了显著体现，所以财务管理人员的工作也由之前的管理工作转变为对财务数据信息的管理和价值创造方面。大数据时代彻底改变了财务管理体系的内涵，同时也意

味着信息技术大战的开始。

2.财务管理体系建设中涉及的技术问题增加

在大数据时代下，财务信息数据量猛增，其种类也呈现了多样化，所以这给财务工作人员的工作以及技术上提出了更高的要求。同时，由于大数据时代下的信息数据量大，所以企业在众多信息中搜索有价值的数据信息也是一项复杂的工作，对企业的技术搜索定位也提出了更高的要求；另外，大数据时代，也弥补了我们国家信息基础建设不完善的缺陷。

3.对财务管理体系建设中的安全性提出了挑战

大数据时代对网络技术的发展起到了促进的作用，在企业的财务管理体系中，企业的财务管理工作都是通过网络计算机技术来进行的。但是网络技术给企业财务管理带来便利的同时，也存在着一定的弊端，网络平台的安全性能有待提高。企业财务管理体系的网络平台有着太多有价值的商业信息数据，所以企业要将提高数据信息的安全性放在第一位。

三、大数据时代下企业开展管理体系建设的有效措施

（一）与时俱进，及时更新财务管理的观念

大数据时代下，企业要能够跟上经济时代发展的趋势，对现有的财务管理制度进行不断的完善，并能够正确地认识财务管理体系的意义及作用，将其应用到具体的工作实践中。在大数据时代下，企业要结合实际的经营状况，探索一套适合企业发展的财务管理体系，使企业朝着更健康的方向迈进，同时实现企业的长远发展战略和规划，最终提高企业的财务管理水平，提高企业的核心竞争力。

（二）搭建企业自身的财务管理信息平台

第一，搭建统一的数据系统。企业各部门的数据要进行统一集中处理，这样能够更有效、更准确地对企业的数据信息进行分析和对比；第二，建立公共信息平台。企业将一些有价值的信息在公共信息平台上公布，设置访问权限，以方便信息使用部门和人员能够随时调取有用的信息数据，同时访问权限的设置也有效地保护了信息的安全；第三，建立部门交流平台。企业中各部门之间通过交流平台，实现协调合作，这样更便于发现财务中的一些问题，同时可以对问题进行及时的解决和完善。所以，搭建企业自身的财务关系信息平台，更有助于提高企业的财务管理水平。

（三）建立健全、完善的财务管理信息制度

企业建立财务管理信息制度，要能够基于管理信息平台，对企业各部门的各项信息进行整理和完善，同时要结合企业自身的经营状况，结合市场的发展变化，建立完善的财务管理信息制度。同时，在财务管理信息制度中，要能够制定详细的规章制度，各部门、各岗位的制度制定得要严格详细，便于在问题发生时，可落实具体的责任，以保证企业财务工作的秩序化、规范化，利于企业的经济管理，为企业的管理助力。

（四）加强对复合型财务管理人员的培养

企业中的复合型财务管理人员在企业中发挥着重要的作用，是企业中赖以生存的人力资源基础。所以，企业要重视对复合型财务管理人员的培养，下面从四个方面阐述培养复合型财务管理人员的措施：第一，企业在招聘财务管理人员时，要能够严格地按照招聘要求：从业资格证是硬性条件，有一定的经验最好；第二，对于在岗的财务管理人员，企业要对其进行定期的培训，结合行业的发展动向和企业的实际状况，对财务管理人员进行专业知识和专业技能以及职业道德的培训，以提高财务管理人员的综合能力；第三，企业要定期对财务管理人员进行考核和评价，考核内容要结合日常的财务管理工作。对于考核不过关的人员，要进行相应的惩罚，与此同时还要接受企业相关业务的培训；第四，企业对于刚入职的财务人员，要由老员工进行"一带一"，使新入职员工能够更快地融入企业的财务工作中，提高企业财务管理团队的水平。

综上所述，大时代背景下，企业想要能够跟上时代发展的趋势，必须要转变财务管理的观念，构建科学的财务管理体系，要能够结合自身发展的情况，建立科学的财务管理制度，提高财务人员的管理水平。在大数据背景下财务管理体系的构建，给企业带来诸多益处的同时，也带来了一定的挑战，企业的各部门要能够积极地参与到财务管理体系的构建中，为企业的经济管理贡献一份力，以帮助企业持续健康地发展。

第二节 大数据与财务管理相结合

大数据依托互联网的发展，带来了海量的、大批次的数据与信息，并且对数据与信息做出辨别与处理。其具有传统载体所无法实现的超大规模的信息获取和处理

功能。首先，大数据的信息种类多、信息的流量大，而且可以具体到非常细小的层面。其不仅仅局限于传统的数字、文字、图表等形式，而且有各种各样新的信息形式和载体。人们需要在庞大的信息库中寻找有价值的东西并快速做出决策。这就要求具备相当的信息寻找与处理能力。其次，大数据寻求的是一种在信息库中呈现出来的概率与可能性，而不是要求百分之百的精准与正确，在大量的信息资源中，通过整合和归纳，表现出最大的倾向性。所以，需要的和不需要的信息，正确指引和容易引起误导的信息，都会包含在信息库中，需要做出辨识与筛选，这样才能最终得到想要的结果和答案。当然，随着技术的进一步发展，精准度会越来越高，但是这需要一个过程，所以目前的大数据发展也需要一定的容错率。最后，大数据所表现出来的是事物之间互相关联的特征。它通过数据库和数据链将各种各样的事物聚合连接在一起，这能为我们的研究提供一种新的思路，即在证明事物之间因果性之外，通过发掘事物的关联性，我们能够开辟出更加广阔的视角和领域，而且证明事物的关联性所耗费的精力与成本更低。因此，大数据的发展有助于研究方法的多样化，我们应该充分探究和应用这一新的方式和思路。

一、大数据时代下财务管理的机遇与困境

大数据给财务管理带来了很多的机遇和红利。其无与伦比的信息收集方式和方法会让财务管理大受裨益，财务人员可以具有更广阔的视野和对信息更敏感的把握能力。信息收集渠道和来源的广泛性也使得更多有意义、有作用的数据反馈给财务人员，大大促进财务管理模式的改进和发展。通过对数据的分析和研究，企业可以更全面地找到当前影响财务管理和整体发展的不利因素，从而及时改进，提高和把控抵御风险的能力。同时，大数据的发展也使得部门之间的分工更加专业和明确，使财务部门能够更加高效有序地实现自己的运作发展及与其他部门的沟通合作。但是，在大数据时代下，当前的财务管理模式也暴露出一些问题和缺陷，需要我们引起重视并不断加以改进。

（一）财务管理观念陈旧

虽然当今大数据的发展速度和普及程度非常快，为了适应和运用这种新的模式，以前旧的财务管理模式已经得到了相当的改善和发展，但是这种改变更多的是集中在对财务管理的运行和预期目标的调整上。财务人员在现有模式下仍然无法主动积极参与财务管理的决策，不能有效地对数据做出分析、整理和应用，这就影响了财

务管理发展前进的步伐。所以，在如何对待大数据的问题上，财务管理的理念还需要进一步提高、发展和转变。

（二）创新性与专业性不足

想要充分利用好大数据，财务管理就需要有充分的创新性和主动性，积极发现和解决问题。然而在目前阶段下，创新性非常不足，这就导致了大数据无法与财务管理的实际工作高效结合，影响了财务管理的创新转型和单位的整体发展。如果海量的信息库无法转化为实际的效能，那就是一种资源的浪费，而且不同的数据源如果无法做到正确地区分与利用，那将会产生误导性的结果，影响整体的决策和发展。所以，企业积极转变财务管理模式并提高财务人员的创新主动性和积极性，是十分重要的。

（三）相关人才严重缺乏

大数据的发展要求一大批具有相关知识和能力的人才来支撑其运转，但是目前这一领域的人才十分缺乏，还没有一个完善的大数据培训应用体系来输送这种专门的人才。在财务管理方面，这样的人才更加不足，许多人的知识体系都已跟不上时代的发展，这必然会影响财务管理模式的改进和提高。所以，构建系统完善的大数据培训和输送体系是十分迫切和严峻的，只有具备足够专业和数量的人才库，才能真正实现大数据对财务管理的深层次结合。

二、大数据与财务管理结合的策略

（一）提高对大数据的理念和意识

在信息化充分发展的当今社会，财务管理若想与大数据有效结合，不仅要学会收集信息和数据，而且更要知道如何从这些信息中形成一个整体的观念和框架，从某种意义上来说，这也是一种与外界联系和对话的形式。财务人员特殊的岗位特征要求其必须借助大数据实现管理的科学性、系统性和有效性，从而为整体的部署和安排做出有价值的参考。这就要求财务人员在竞争日益激烈的时代背景下转换观念，全面树立起大数据和信息化的理念，并能实际应用于财务管理之中。

（二）加强对综合型人才的引进和培养

大数据的发展，势必需要一大批具有相关知识和技能的人才，这就需要做好人才的引进和培养。在财务管理方面，企业越来越需要具有多种能力的综合型人才。

大数据要求具有一定的计算机网络能力，同时财务人员自身需要具备统计、管理等各项能力，所以只有具备多种能力的人才能更好促进财务管理水平的提高。这就需要建立一个完善的人才培养机制，通过这个培养机制，财务人员能够把信息的搜集、辨识、处理的能力高效地运用到自己的工作中去。同时企业也需要提供更好的环境和待遇，来积极引进这些综合型人才，这样，才能构建起一支有效的大数据财务管理队伍。

（三）优化大数据管理财务的水平和方法

财务管理与大数据的结合，需要一个适应和发展的过程，并且需要在长期的实践和应用中不断改进，这就使得大数据在一开始可能在财务管理中无法发挥出有效的功能和作用。所以，只有具备足够的耐心和探索精神，才能寻找出一条两者有效结合的路径。在探索过程中，企业还需要结合具体的情况和问题来恰当地体现大数据的作用，而不能将大数据的功能无限放大，这样只会适得其反。最需要引起注意的是，大数据从本质上来说，是为了更好地辅助财务管理，而最后起决定性作用的，仍然是人的思考、判断和决策。我们不能颠倒主次，而应该用更科学的管理模式更高效地释放财务人员的积极性和能动性，这样才能将大数据这一工具更好地应用于财务管理中。

在互联网等相关技术充分发展的今天，构建起有效的信息搜集和处理机制是十分必要的。财务管理在大数据时代既面临着机遇，也暴露出一些困境。探究财务管理与大数据高效结合的方法，成为一个必要和必需的课题。大数据因其自身明显的特点和优势，如果能有效应用于财务管理中，必然会使得财务管理的模式更加科学和有效，从而实现财务管理的创新性和革命性发展。

第三节 大数据时代下的财务管理发展策略

在当前社会发展中，互联网、物联网、移动通信、云计算等技术得到了广泛的应用，从而在社会经济、生产、生活等活动中产生了大量数据，于是大数据技术逐渐出现在人们的视野中，并逐渐受到了各个行业的重视。在当前时代背景下，数据爆炸是最为显著的特点。而大数据则能够快速有效地处理海量的信息和数据，其对商业、管理的变革具有重要的推动作用。在企业中的财务管理工作更是以"数字"作为主要工作对象，在大数据时代背景下也需要对管理理念、模式、方法等进行相应的变革。对企业财务管理发展而言，大数据的出现也带来了全新的发展途径。

一、建立财务大数据管理理念

（一）开设财务大数据管理知识培训课程

企业可以为财务管理人员培训相关的知识，从而提高财务管理工作人员掌握大数据管理知识的水平，使财务管理工作人员可以系统地了解大数据的相关概述，以及大数据技术对企业财务管理带来的有利影响，使企业的财务管理工作人员可以及时地处理大数据时代下企业所面临的财务问题。另外，对阿里巴巴、亚马逊等企业的大数据财务管理经验进行学习，通过理论和实践两个方面实现企业财务人员在财务大数据管理知识方面的全面提升。

（二）举办大数据财务管理竞赛活动

企业可以组织财务管理工作人员举办知识竞赛，让企业财务人员在主动和被动两个方面对财务大数据管理知识进行深入的了解和掌握。在实际工作中可以适当地设置精神和物质奖励，鼓励企业财务人员积极参与到知识竞赛和问卷调查活动中，促进企业财务管理人员的大数据知识水平全面提升。

（三）开展财务管理创新工作研讨会

基于大数据背景下，企业财务管理工作的开展应对财务人员的财务管理知识和大数据知识予以较高要求，以此作为前提将企业的业务骨干、财务科长、企业总会计师组织起来，将实际工作情况作为依据，开展大数据背景下企业财务管理发展和改革的研讨会议。并在研讨结果的基础上，针对企业财务人员的大数据财务管理知识理解水平予以更深层次的提高，从而促进企业财务管理模式在大数据环境下完成转型。

二、建立财务大数据管理制度

（一）建立财务大数据收集制度

相比于企业中的设备、厂房等资源，数据不会因为使用次数增多而降低价值，数据使用得越多反而说明其具有越高的价值。而多种数据之间合理的结合往往还能够生成新的知识和信息，数据的价值也能够更好地发挥出来。因此，在企业财务管理系统中，必须针对数据收集的需要构建健全的数据搜集管理体系，确定数据收集的范围；同时企业还需要将获取数据的方式进行创新，并且和有关业务部门构建交流和沟通平台，对数据收集手段进行不断的改善和强化。另外，还要明确规范数据的质量，进行数据质量救助机制和管理流程的建立。

（二）建立财务大数据分析应用机制

在大数据时代形势下，企业对财务管理的效果与企业的经营情况进行系统的分析不再是财务数据分析的正确手段，目前主要强调的是实时地分析企业的经营绩效指标，这就要求企业财务部门构建健全的数据分析运用制度。企业财务工作人员需要利用这个制度脱离部门的约束，在企业的角度，战略性、创造性地运用大数据技术对数据进行挖掘并进行深度分析，将数据中隐含的具有潜在价值的决策信息准确地提取出来，从而让企业管理者能够对企业生产经营情况予以更加清晰的掌握，及时发现企业经营过程存在的风险，并及时以科学的决策予以应对，使企业的数据分析可以在企业财务管理工作中真正地被落实。

（三）构建严密的财务大数据防盗机制

伴随着移动通信技术的不断发展，我国的社交网络功能逐渐完善。在大数据时代，个人信息数据的搜索变得更加容易，而这也造成了个人隐私数据的泄漏问题逐渐严重。相关的研究结果也指出，在云计算时代，大数据技术的出现已经严重地威胁到了网络用户的个人隐私，比如在当今网络中经常被人们提及的"人肉搜索"一词，就充分证实了这一问题的严重性。大数据技术的出现确实提升了数据分析和处理的效率，但同时也带来了难以避免的弊端。企业财务系统在应用大数据技术的同时，也应该清晰地认识到大数据背景下所蕴含的风险因素。为了有效解决大数据带来的风险问题，企业财务管理工作中需要做到以下几点：首先，对用户访问控制机制和身份安全认证进行建立和完善，避免企业网络遭到非法用户访问，从而确保企业的财务数据不被盗窃；其次，根据企业的财务数据构建信息安全评价制度体系，从而有效地提高财务管理信息系统的真实性和可靠性；再次，通过使用云计算技术制止虚假的信息，以便于可以有效地保证真实财务信息的安全性，同时还可以有效地检测财务数据信息的盗窃等行为；最后，企业可以设置专门的网络信息监察员职位，对企业网络系统整体运行情况和数据库活动进行实时监控，对入侵和误用情况进行及时检测，从而避免企业财务信息暴露。

（四）建设财务大数据工作人员才队伍

企业财务管理的视野在大数据背景下得到了极大的拓展，同时也明显地改变了传统企业财务管理的模式、理念以及思维方式，企业财务管理的工作内容逐步变成财务数据挖掘工作。现阶段，财务大数据管理环境要求财务工作人员具备更加专业的财务知识，因此，企业需要提升财务工作人员的知识结构。企业需要储备的财务人员主要有以下几类：首先，会计预算、核算以及资金管理等方面的人才。财务管理人员仍然可以保留原有的业务职能，人员也无须大幅度调换，但需要经过数据挖掘应用知识培训和财务大数据管理理念的改造，从而使他们逐渐符合大数据时代的财务管理要求，能够适应企业财务数据的挖掘要求，同时在遇到简单的问题时可以及时地进行处理。其次，数据挖掘人才。该类人才需要熟练掌握统计业务和财务业务，并且还需要具备专业的数据挖掘技术；同时需要具有丰富的数据管理实践经验，从综合管理方面入手，拟定具有较高可行性的工作目标和数据挖掘方案，在实际工作中主要负责具体的数据挖掘应用工作，并对不确定和复杂目标的挖掘方案进行设计。最后，IT方面的专业技术人才。该类人才需要掌握计算机、通信、网络等方面的信息技术，并能够熟练地运用。其专业与企业财务大数据管理方案的实时性和合理性及财务管理人员的能力水平具有紧密的关系。他们的工作职责主要是完成数据挖掘应用方案中各项IT技术。企业可以考虑从社会招聘或从大专院校录用等途径解决IT技术人才和数据挖掘人才的来源问题，对具有数据挖掘应用专业背景的人才，企业应予以重点培养和引入，从而实现快速高效地推进数据挖掘工作。

从上述分析可知，随着大数据技术的产生和发展，企业财务管理工作的理念、模式、思维方式也应该进行相应的变革。企业管理者也应该对大数据技术的应用予以重视，并基于大数据背景下，制定科学的财务管理发展策略。

第四节　大数据时代下的企业财务管理转型

现代企业利用新的科技带动自身发展已是显而易见的趋势，其中"大数据"在各大企业战略转型中扮演着重要角色。财务管理作为企业发展转型的重要环节，也必须适应时代的发展，利用大数据优化企业财务管理，更好地为企业发展提供助力。本节就大数据时代下企业财务管理转型的必要性进行研究，分析转型的机遇及挑战，尝试探索符合新时代企业财务管理转型的新方向。

随着信息技术的飞速发展，全球经济进入了大变革时代，互联网、物联网、云计算等技术的广泛应用使企业经营管理和商业模式越来越趋于智能化、模型化和虚拟化。大数据，由麦肯锡咨询公司在2011年首次提出，其把大数据定义为信息时代的海量数据集合以及对海量数据集合的规模化处理。此概念提出后，对企业发展的方方面面都产生了不同程度的影响。一方面，大数据对企业的数据处理能力和应用能力提出了更大挑战；另一方面，大数据也为企业精准定位分析及多维度洞察创造了更多的可能性。对于企业财务管理来说，大数据时代为企业提供了更具有价值的分析工具和信息技术，而传统的财务管理模式也面对着必然的变更和转型。

一、大数据时代下企业财务管理转型的必要性

传统的财务管理缺乏战略思维观念，工作重点主要集中在票据收集、处理、分析等日常管理领域，缺乏对数据价值的全面认识，也缺少对庞大基础财务数据进行处理及转化的能力和手段。滞后的财务管理观念影响了企业财务管理的精细化水平，不能为企业战略发展提供高价值的决策支持，难以应对大数据时代新的市场竞争需求。

传统的财务管理数据处理方式更多依赖于人工分析，这种直线化财务管理及财务信息应用数据的使用具有主观性，缺乏交叉互动，无法充分发挥财务信息的作用；同时，财务数据使用效率不高，及时性不强。大数据时代背景下，企业要全面提升财务信息的处理和反馈水平，加强对财务管理信息软件的开发和利用，加强财务信息交互和共享。

财务管理部门掌握着企业全面完整的经济活动数据，在信息大爆炸的大数据时代，企业财务管理在数据安全性上提出了更高的要求，企业需要建立全面的财务风险管控机制和内部控制系统。

二、大数据时代给企业财务管理带来的挑战

（一）大数据时代企业财务管理的内涵发生了变化

传统的财务管理工作主要集中在财务核算、报表分析及预算管理上。大数据时代的到来，极大地提高了数据处理的效率，缩短了数据处理的时间。财务管理需要进一步加强业财衔接，其数据管理和决策支持将从管理后台更多地转移到业务前台。同时财务部门的职能也需要从最初的辅助及服务职能向综合性管理职能转化。这增加了数据收集的范围，提高了对财务管理的要求，加大了财务管理工作的难度。能否充分利用大数据技术转变传统的财务管理观念，提升业务技能，打破职能边界，

扩展财务信息处理的深度，提高财务管理的精准度，已成为新时代财务管理转型成功的重点。

（二）大数据时代企业财务管理的技术难度增加

大数据时代，数据规模庞大，打破了企业、行业甚至国家的限制，信息来源丰富。大数据最典型的特征就是数据规模大、数据多元化、数据信息密度低、数据形成快速，这些特征对财务管理的信息处理能力和转化能力都提出了巨大挑战。如何在巨量信息中科学地收集信息，高效地处理信息，有效地应用信息是企业财务管理面临的难题。同时，大数据时代的数据呈现出价值低密度的特点，信息准确度不能得到充分保证，在财务数据处理及分析过程中，对财务人员处理数据的准确性及真实性的辨别提出了更高的要求。最后，数据更加多元化，财务信息、管理信息和业务信息深度融合，财务管理的广度进一步延伸，财务管理的工作内容更加丰富，这些需要财务管理的方式进一步创新。

（三）大数据时代企业财务管理人才缺乏

大数据时代来临，信息化综合性人才缺口巨大，目前虽然财务人员队伍庞大，但是兼备财务管理专业知识及信息化数据处理能力的复合型高端人才却非常缺乏。现有财务人员的财务管理观念中缺少战略思维及对数据价值的认识，信息处理技术较强的技术工作人员又缺少财务管理必备的专业知识，也无法从海量财务数据中得出真正对企业发展有价值的财务结论。因此，高度重视人才的培养，加强数据思维和财务专业的双重建设，是企业在大数据时代提升财务管理能力的重要环节。

（四）大数据时代企业财务信息安全新要求

传统财务管理过程中，信息互动少，财务数据使用过程控制相对容易，财务数据的安全性相对较高，用户使用痕迹可追踪，被窃取盗用的概率很低。大数据时代，互联网的普遍应用使用户信息的窃取成为可能；电子数据库的应用，使数据存储端存在一定的道德风险，有可能给企业带来财务信息泄露的风险；同时，大数据的使用使信息透明化程度加大，财务信息交互频率提高，财务信息破解的难度降低。在此情况下，企业财务信息安全性减弱，如何通过新的技术手段，切实保证企业财务数据的安全，是大数据时代下的新要求。

三、大数据时代为企业财务管理转型提供的机遇

（一）大数据时代企业财务管理效率提升

传统的财务管理工作中，过多地依赖人工进行数据处理，在企业快速发展的情况下，财务管理工作往往无法满足企业发展的需求。大数据时代的到来，使企业处理财务信息的效率大大提高，大数据海量数据处理集合技术使财务管理智能化成为可能，为财务数据时效性提供了强有力的支持。同时，利用云技术，可以实现财务资料的海量存储、财务信息的动态处理和多端口交互使用，企业可在此基础上构建高效的财务处理中心及财务管理集成中心，以支持财务预算、资产管理、财务分析、内部控制、风险评估及业财衔接的多维度、全方位、高效的财务管理功能。

（二）大数据时代企业全面预算管理水平提升

预算管理是企业财务管理中的一个重要管理模块。目前我国的预算管理还处于全面预算的初级阶段，预算编制的时间长、难度大、数据准确性和时效性较弱。技术的落后导致预算的真实性及价值参考不可靠，但大数据技术可以实现预算管理水平的全面提升。首先，它可以更快地实现企业信息的传输和处理，提高企业数据管理效率，缩短预算编制周期；其次，企业信息化管理系统能够实时反映财务信息，提升企业内部监督的管理效用，也为全体员工的预算反馈提供支持；再次，大数据可以实现对全面预算的动态管理。执行预算管理所需的数据量非常庞大，企业需要对大量的数据进行收集、存储、分析并形成报告，因此对数据交互提出了较高要求，大数据技术让预算动态管理成为可能；最后，企业可以根据实时预算反馈出具阶段性的预算报告，及时有效地对预算执行情况进行分析，为预算调整及下一阶段预算的制定提供支持，保证公司预算与运营目标匹配，高效调节各部门的工作，为企业高效节能运转提供保障。

（三）大数据时代企业财务分析能力增强

财务分析是企业财务管理中非常重要的组成部分，财务分析的结果可以直接体现企业的财务管理水平。传统财务管理中使用的财务分析手段是基于结构化数据这一出发点进行的，因此数据反映维度单一不够全面。大数据时代财务分析的数据维度更多，分析手段也更强，企业可以利用大数据技术，在对企业会计信息进行分析的基础上，进一步加强对非结构化数据的精准分析，增强财务分析结论的全面性，进而得出对公司决策更具科学性和价值性的财务结论。

（四）大数据时代企业内部控制新发展

企业置身于不断变化的市场环境中，财务风险和经营风险加剧，经济周期的轮转、资源竞争的加剧、环境变化的不确定性等，都使风险管理和内部控制在企业财务管理中的重要性越来越显著。大数据时代，借助信息化处理系统，企业数据监控和智能化评估技术也得到了极大发展，实时风险评估报告得以实现，从而助力企业有的放矢地进行风险管理。同时，大数据的分层处理系统能够在很大程度上增强企业风险管理的前瞻性，有助于企业建设相对完善的风险预警机制，并在此基础上真正实现事前风险预警、事中风险控制、事后风险管理的全面内部控制管理。

大数据时代的来临使企业财务管理转型迫在眉睫。企业转型需要从财务管理的各个维度全方位开展。一方面，财务管理的观念和边界需要进一步拓宽。企业管理层和企业财务人员都要建立基于信息化、数据化的财务管理思维；另一方面，企业要建立全面高效的财务管理制度，发挥财务管理变革的效力，提高财务管理的水平，凸显财务管理在现代企业经营过程中的价值，助力企业在新时代实现长足发展。

第五节　大数据时代下的企业财务管理变革

当今社会，互联网发展的速度远远超出人们的想象。大数据时代早已来临，其在金融、财务等多个领域当中已经越来越不陌生。以往传统的财务管理职能已经不能满足大数据时代的财务需求，大数据这一新的时代产物对企业财务管理提出了更高的要求。对企业而言，大数据的出现既是一个挑战，也是一个机遇。财务管理是企业经营的重中之重，是企业能得以正常运营的支持性活动和保障，与企业的未来生存发展紧密联系。因此企业应抓住机遇，紧跟时代发展的步伐，主动地进行财务管理创新性变革，从而促进企业未来的良好发展。本节主要介绍了大数据背景对目前企业财务管理的影响、企业所面临的大数据挑战以及如何去应对这一挑战。

随着互联网和科技的发展，数据为王，数据本身就是资产，大数据在当今社会时代已经不再是陌生名词，已经渗入我们生活的每一个领域，从各个方面改变着我们的日常生活习惯。企业的财务管理也不例外。企业管理以财务管理为中心，企业的生产、经营、进、销、存等每一个环节都离不开财务管理，因此财务管理是企业经营的重中之重，这关乎着每个企业的未来发展。21世纪是注重高效率、高质量的新时代，企业若想完善和提升财务管理从而获得更多收益，则应把握好大数据时代的发展趋势，充分利用好大数据的优势，通过其在信息存储和分析、财务分析和决策等多方面的重要影响来提高财务管理水平，最终实现企业价值最大化和行业领导地位及可持续发展。

一、大数据背景下企业财务管理的重要意义

（一）强化资金预算

资金预算可谓是企业发展的命脉所在，就现阶段资金预算在我国企业财务管理中的运用程度来看，其尚处在起步阶段。由于没有完善的体系和系统的制度做支撑，使其在预算的过程中容易出现处理不及时、不到位的情况，从而导致预算数据不能有效发挥作用。而大数据的引入则填补了这方面的短板，通过对财务数据的收集和整理，进行科学的处理和分析，最终提出更为科学和可靠的资金预算标准和方案，为企业的决策提供了重要依据，保证了企业的健康运行。

（二）提高财务管理的效率

过去开展的企业财务管理工作，基于庞大的财务数据，且每个工作环节密切相关，不仅使得财务管理人员的工作量加大，并且由于有众多的财务数据，使其又增加了数据不准确的潜在风险。一旦某个环节的财务数据出现纰漏，无疑增加了财务人员的负担，且同时还会影响到后续工作的有效开展。这不仅增加了时间成本，更打击了财务管理人员的积极性。那么大数据的到来，就为企业财务管理很好地回避了这些弊端。企业通过科学技术的运用，对财务信息进行科学的处理和分析，人为错误将不再发生，缩短了工作时间，提高了财务管理工作的效率。

（三）有效规避财务风险

经济市场变幻莫测，企业在生产经营活动中会伴随诸多财务风险，这些风险可能会对企业的生产经营运作造成不利的后果。所以，现有企业应充分利用大数据的准确预测功能来降低公司自身的财务风险，通过大数据技术对所搜集的各个行业与经济密切相关的数据进行分析和处理，建立数学模型来量化数据指标，从而预测企业后续经营活动中可能发生的相关财务风险，使企业根据风险制定相应的应对措施，帮助企业做出正确的决策，从而有效地规避企业财务风险。

二、大数据对企业财务管理的挑战

（一）陈旧的财务管理观念

大数据的出现促使许多公司做出适当的改革来适应时代的变化，不同公司涉及的程度不同，所变革的深度和广度也不尽相同。大部分公司主要在财务管理的目标和内容上做出改变，最终通过转变现有的决策职能来扩大传统财务管理的职能作用来。在具体实施财务管理的工作中，虽然公司强调财务人员提高自身的专业素养，但是财务管理人员的陈旧观念一直是遗留的问题。其具体表现为在处理财务问题时不主动去学习新的财务技能和专业知识，不主动分析财务数据背后的逻辑关系，只是被动地接受高层的决策指令，有限地发挥财务的基本职能。这一系列的问题说明，落后的财务管理观念会阻碍公司的发展和未来财务管理工作的开展，是目前所处的大数据时代下财务管理所面临的挑战之一，日后有待提高。

（二）财务管理创新度较低

大数据时代的到来，为企业的发展注入了新的技术和思想，带来了新的活力。企业在接受这些新思想和新技术的同时也会面临着与传统财务管理模式不匹配的矛盾。实际调查结果显示，企业整体还存在着对财务管理创新方面认识不足的问题，根本没有意识到创新对于企业财务管理的重要性，财务管理的创新力度远远没跟上。

（三）财务管理技术性人才匮乏

21世纪是知识和人才竞争的时代。大数据技术是我国企业财务管理发展的必然方向。企业需要具有这方面专业知识的技术性人才参与建设管理，以保证大数据技术在企业财务管理方面的作用得到充分的发挥。就目前而言，我国部分企业大数据技术的应用频率仍旧较低，并且相关技术应用的范围较窄，难以实现大数据技术的高效运用。财务管理技术性人才的匮乏限制了企业对新兴技术的应用，降低了大数据技术在企业财务管理数据分析中的实用性，阻碍了企业财务管理工作的发展。

三、大数据背景下企业财务管理的变革

（一）企业价值内涵的延展

波特提出的"价值链分析法"将内外价值增加的活动分为基本活动和支持性活动。每一种活动所发挥的职能各不相同，共同构成了企业的价值链。传统的财务管

理都在支持性活动这一层面，仅仅只是基本的财务管理职能，无法真正地发挥企业的价值内涵。目前华为的财务管理团队不仅有完善的操作体系，自动化程度较高，同时拥有细致的核查体系，误差率偏小，真正意义上拓展了企业的价值内涵。所以企业应重点从的组织能力、创新能力、品牌和文化、人力资源等与企业价值内涵相关的大数据入手，拓展企业价值内涵的深度和广度，全面准确地对这些数据进行分析处理，从而实现企业财务管理的真实意义，提升企业价值。

（二）决策信息丰富化

大数据具有大容量、多样性、高速率、高价值的特征。企业在财务管理方面可以突破原有信息数据少的限制，及时地发现外部市场行情、供应商、竞争对手的变化，了解其实际发展情况，以此提供更多有效的信息，从而对企业管理层的决策起到帮助作用。目前，观远数据在上海召开2018产品战略发布会，获得3500万A轮融资，通过一站式的智能分析平台，为客户提供基于业务场景的商业智能与分析解决方案，实践"AI+BI 让决策更智能"的理念。这是典型的从宏观层面上把握了大数据运行趋势，通过智能技术手段让未来管理者的决策更智能、决策信息更丰富的例子。

（三）大数据的风险管控

风险控制的目的就是对单边交易风险进行有效控制，从基本的环节上，帮助企业形成良好的交易习惯，从而规避一些突发的、意外的风险。企业所面临的财务风险是企业经营管理过程中必须面临的现实问题，因此如何规避财务风险及进行风险管控是每个企业所必须解决的事项。

现有社会每天都充斥着大量的复杂数据，企业如何高效率地处理数据是未来生存的关键，而企业的财务管理如何利用大数据进行风险管控是企业的地基。随着互联网渗入我们的生活和工作越来越深，数据的重要性也突显出来，因此应加强数据的风险控制。财务管理部门和信息管理部门可以通过建立数据的使用权限、数据的保护等一系列防范措施和设立"云存储"来提升数据的安全管理，同时完善风控管理制度和体系，从而在根本上保证了数据的安全性和可控性。

大数据的大趋势不可逆转，其应用广泛，每个行业都会涉及大数据技术来分析数据，带来的作用和影响不可小觑。所以企业应顺势而为，抓住大数据时代的挑战和机遇，主动根据自身实际情况对企业财务管理进行根本性改革，去迎接时代的新挑战。财务专业人员需要接受新的信息技术，在信息思维领导方面发挥积极的作用，而非采取消极姿态。大数据可以在提升财务信息的实用性和可靠性方面提供巨大机会。

传统的财务管理已经不能满足现有需求，企业想要适应当前社会时代的发展就必须要打破传统的财务管理格局，全面地知悉大数据的影响方式和其发展规律，去迎接大数据时代带来的挑战。企业只有不断地进行创新性改革，拥有核心竞争力，才能更好地生存下去。企业传统的财务管理需要在信息时代重塑自己，认识到大数据的作用和影响并实施创新改革，抓住新的机遇，不断地改变传统的财务管理运营方式，强化资金预算、提高信息决策准确性、规避财务风险，为企业财务管理注入新的血液，开创崭新而又美好的发展前景。

第六节　大数据时代下的财务管理新路径

一、大数据对传统财务管理模式的冲击

当今企业间竞争十分激烈，为实现企业价值最大化的目标，财务管理已成为企业经营管理中的重要工作。随着技术的迅速更新迭代，企业的财务管理工作的效率比拼更加白热化，效率低下的传统财务管理模式将逐渐被淘汰。企业的传统财务管理模式的效率低下由多方面因素造成。第一，传统企业数据的产生量不足，远不如大数据的量级。第二，在传统财务管理模式下，企业的数据源选择面狭窄、计算过程及使用的模型十分简单，运算结果往往并不精确，偏离企业实际情况较远。财务人员依据这样的运算结果无法做出最优的财务管理决策。第三，企业的传统财务管理只重视财务数据，忽视非财务数据，但随着财务管理发展越来越综合化，无论是财务数据还是非财务数据，都能在财务管理工作中发挥巨大作用。怎样使财务数据、非财务数据有机结合在一起共同发挥作用是大数据时代财务管理的新课题，但是，毋庸置疑，财务人必须顺应时代潮流，具备大数据思维，利用大数据技术，开辟传统财务管理模式之外的新路径，以提升效率。

二、大数据技术助力财务管理智能化

大数据时代财务管理走向智能化。新模式下，数据收集、数据存储、数据分析、数据应用等成为核心流程。

数据收集。企业新模式下的数据是财务管理工作的核心，对真实、可靠的数据进行广泛收集是进行后续工作的前提和关键。企业应当建立有自身特色的数据收集

体系，根据企业自身的实际情况以及财务管理决策需求，广泛、高效、及时地收集财务、非财务数据，让数据跟上即时需求，而不是产生需求后再去临时收集。企业可以通过网络通信体系、数据传感体系、智能识别体系、传感适配体系及其他软硬件设施等进行大数据收集。

数据存储。大数据时代，技术的革新让海量信息存储能够实现，随着企业数据收集工作的进行，需储存的数据量必然迅速膨胀。企业必须让自己的财务管理工作有可靠的软件和硬件技术支撑。软件上，企业应当构建良好的数据库，在一定的数据整合范围内提前做好数据库结构设计和规划，为快速高效地开展数据检索与整合提供条件。这是进行数据分析、挖掘数据资源价值的重要保障。硬件上，应当不存在困难，如今存储服务器技术水平已足以支持企业级大数据的存储。

数据分析。数据资源被称作企业的"新石油"，数据分析过程是数据资源的价值发掘过程，是将资源向价值转换的传送带。数据分析方法不得当，将导致信息价值的浪费。企业应当积极构建筹资决策、投资决策、营运资金管理等财务管理模型，并重塑财务预测方法。例如，基于大数据管理系统构建的筹资决策模型，企业要能够准确预测资金需求、资金成本以及财务风险，并且所建模型也要将宏观经济环境、行业背景、企业资本结构、企业资本成本、相关信息对股价的作用等因素纳入考虑范围；企业在进行投资决策时，数据运算和模型应用更为复杂。企业应首先客观分析投资决策的基本类型，找到影响投资组合的多方面因素，利用指标分析方法，找到最佳投资方案，并准备好风险应对措施，综合考虑不同选择的风险和收益。

数据应用。当今时代，劳动生产率已不是决定企业竞争优势的唯一关键因素，信息的挖掘和利用效率在竞争过程中愈发发挥着重要的作用。并不是只有实实在在的经济业务活动才能创造企业价值，基于财务、非财务数据进行的财务管理决策也是企业价值创造的强力助推器。企业管理层应当利用好大数据信息进行经营管理决策，以此推动企业发展与业绩增长。

三、财务管理智能化带来的挑战

大数据技术助力财务管理智能化，将带来诸多优势，同时也带来诸多挑战。

大数据背景下，企业财务环境彻底发生了改变，这驱动了新一轮的财务管理理论的创新和变革，财务管理理论体系需要部分重构；新兴技术手段如大数据、云计算等的兴起，使得企业财务向智能化、数字化方向发展，这对会计职业人员提出了更高、更迫切的要求，转型迫在眉睫；如果会计职业变革，那么会计教育势必也要变革，高校应当思考如何培养出既掌握财务理论、又掌握大数据技术的财会专业学生，让校园中走出更多适应时代特点的复合型财务人员。

第三章 大数据背景下财务管理的转型研究

第一节 大数据背景下企业财务核算与管理

在当今的大数据背景下,企业财务核算管理面临着巨大的挑战和机遇。因此,如何利用有效措施解决大数据背景下企业财务核算管理方面的问题,提高企业财务核算管理水平,促进企业实现更好更快的发展是广大企业财务核算管理人员需要研究的重要课题。鉴于此,本节针对大数据背景下企业财务核算管理方面存在的问题进行阐述分析,并提出了提高企业财务核算管理水平的有效对策,以供参考。

一、大数据背景下企业财务核算管理中存在的现实问题

(一)企业财务核算管理人员理念落后,缺乏复合型人才

只有企业财务核算管理人员具有先进的财务核算管理理念,才能保证大数据技术真正地应用于企业财务核算管理实践中去。但是目前许多负责财务核算管理的工作人员依然运用传统的财务核算管理理念来进行核算管理工作。在企业实际的经营过程中,这样做往往导致只注重对企业的有形资产和固定资产的核算管理,而忽略了核算管理对企业经营决策等无形资产的影响,在追求利润最大化方面存在一定盲目性。大数据背景下对财务核算管理人员的要求越来越高,然而目前企业中许多财务核算管理人员缺乏适应大数据发展的素质和能力,直接影响了企业的发展。

(二)财务核算管理信息共享性差,信息披露不健全

完善的财务信息共享机制是企业构建有效的财务数据系统的保障,然而在企业财务核算管理过程中存在着信息共享性差和信息披露不健全的问题,不利于提高企业的财务核算管理水平。就企业的外部而言,企业的财务核算管理部门和外部有关

企业及机构缺乏有效的交流及互动，导致信息在传递和共享上存有不足。这既给企业自身的财务核算管理工作带来不利影响，也增加了企业经营中的风险。就企业内部而言，若财务核算管理部门和其他部门沟通交流比较少则难以得到其他部门的配合，进而使得财务核算管理部门掌握的财务信息缺乏及时性，同时也极大地降低了财务决策的有效性。另外，企业为了保护自身利益也不愿主动对有关财务信息进行披露，易发生财务舞弊问题。

（三）企业财务核算管理的风险意识不足

风险管理是企业财务核算管理的一项核心内容，然而许多企业在实施财务核算管理工作的时候经常出现不重视风险控制的行为，对财务中的风险分析与控制投入的精力很少，导致企业蒙受许多不必要的损失。在大数据背景下，企业财务核算管理面临着越来越多的财务风险，而且风险也表现得日益复杂，因此，企业的财务核算管理人员要充分重视风险管理和控制的必要性，对企业发展中可能面临的风险进行分析，利用有效措施减少财务核算管理中的风险问题，促进企业健康快速发展。

二、大数据背景下增强企业财务核算管理的措施

（一）革新企业财务核算管理理念

在大数据背景下，要想实现企业财务核算管理的良性发展，就必须革新及优化企业财务核算管理理念，才能从根本上提升财务核算管理的水平。在大数据背景下，革新企业财务核算管理理念的重点就是要积极地应用信息化技术，特别是在各类财务数据信息的管理和处理方面更是要提高重视度。同时，也要重视提高各个信息化技术和信息数据运用的全面性和科学性，从而确保企业财务核算管理工作的数据信息的精确性和及时得到有效提升。在当下信息数据量越来越大的情况下，企业要以财务核算管理工作为核心，对各方面的信息资源及数据进行收集和整理，并对其加以分析及处理，重视数据分析处理工作的有效性和准确性，为企业财务核算管理工作提供准确有效的数据支持，为企业管理人员进行科学合理的决策提供参考依据，最终促进企业良性健康发展。

（二）健全财务核算管理信息化制度

在大数据背景下，企业为了健全财务核算管理的信息化制度，必须要重视网络信息化环境、企业财务制度和企业财务信息平台这三个方面的工作。首先，构建一个开放式的网络信息化环境。国家要加大对网络信息化环境的净化力度，因为良好

的网络信息化环境是保障财务信息化建设有效进行的基础，所以必须要在遵循统筹规划和突出重点的原则下，制定并完善有关规范化制度，确保信息安全制度化建设的顺利开展，为企业进行财务信息化建设提供有力的保障。其次，企业必须要制定健全的财务核算管理制度，避免各部门出现违规操作的行为，对资金实施统一化管理，进而提高资金使用的效率和质量，使得资金使用实现最大化的效益。再次，企业财务信息平台的建设是大数据背景下的必然选择，它能够有效集合企业的业务数据与财务数据，为企业高层了解和掌握企业运行情况提供及时准确的信息。

（三）加强大数据财务人才队伍建设

目前，很多企业在财务核算管理人才储备方面，缺乏既有财务核算管理能力又懂得信息化知识的综合型人才，无法构建财务数据分析模型，从而导致财务数据分析工作效率和质量都不高。因此，为了适应大数据背景下的发展，企业必须加大对同时具备财务核算管理能力和信息化知识的综合型人才的引进。比如，企业在加强大数据财务人才队伍建设的过程中，可以利用招聘或者跟高校合作，引进和培养适应大数据背景下发展的综合型财务核算管理人才，确保企业发展拥有坚实的人才基础。

综上所述，为了促进企业财务核算管理在大数据背景下的发展，企业必须要革新财务核算管理理念，健全财务核算管理信息化制度，加大对大数据财务人才队伍的培养及建设，才能有效提高企业财务核算管理水平，促进在大数据背景下企业健康快速的发展。

第二节　大数据背景下的企业财务管理创新思维

我国信息技术处于飞速发展阶段，目前我国已迈入大数据背景下，各行业的发展都具有了新的思维，传统企业财务管理有了新的发展道路。在大数据背景下，企业财务管理可以以大数据为依托，创新财务管理理念，实现新时代的发展，提升企业财务管理工作，使企业能够得到可持续发展，本节将以大数据为背景，提出企业财务管理的创新思维方式，强化企业财务管理工作的有效性。

企业财务管理模式的优劣是企业能否得到长效发展的关键，由此可看出财务管理的重要性。在大数据背景下企业想要实现的可持续管理，必然要将大数据技术融入到企业财务管理过程中去，实现现代化企业财务管理的创新，以科学的财务管理方式不断推动企业的发展进步，实现企业可持续发展的战略目标。

一、企业财务管理受大数据影响

（一）处理企业财务方式的变化

企业在财务管理过程中应用大数据技术能够扩大财务处理的工作范围。传统企业财务管理工作中，财务部门只需对财务数据进行处理，但是如果在财务管理中加入大数据，财务工作人员便能够收集企业所有信息数据与财务数据并进行综合分析。大数据背景下的企业财务管理工作重点是企业发展过程中的全部数据，而并非传统财务管理中的单一化财务数据。财务管理人员需要学会分析企业经济数据与财务数据之间的联系和变化，才能发现企业发展过程中可能会出现的风险。在大数据背景下企业财务管理中融入大数据技术，通过大数据技术强化信息获取的全面性与及时性，及时发现风险，制定风险预防策略。

（二）财务管理工作方法的变化

财务管理工作方式也随着大数据技术的融入得到了改进。传统财务管理工作依靠计算机技术与财务人员的结合来进行日常财务管理，这种方式虽然在初始阶段给财务管理工作带来了较大的便捷，但是随着企业的发展规模越来越大，市场经济的变化愈发快速，该种工作模式已经无法适应现代化发展，且极为耗时耗力，还容易出现较多的人工错误，降低了企业财务管理的质量和时效性。大数据背景下完全自动化的财务管理方式则改善了这一弊端，让企业财务管理工作的人为失误大幅度降低，提升了财务管理数据的时效性，让财务管理工作人员的工作效率得到了全面的提升。

（三）对财务人员能力要求的变化

社会市场经济的快速发展，让企业愈发重视其日常财务管理工作，但是传统财务管理工作数据缺乏时效性，直到大数据技术进入，企业财务管理才初步地在企业发展过程中展现出财务管理的能力。但是企业想要完全地利用大数据，还需要培养一批专业的优秀财务管理人才。现如今该方面人才的缺失，是大数据技术难以完全融入现代化企业财务管理的最大问题。因此，在应用过程中，企业必须要有意识地培养该方面的财务人员，强化财会人员对计算机技术、统计学技术的应用和学习，不断锻炼财会人员在进行财务数据分析过程中的能力，让财会人员能够在实际管理工作中利用全面系统的管理思维创新企业财务管理工作，同时还要不断地向外开放，招聘更多优秀人才。

二、大数据对财务管理的创新思维

（一）预备工作的实施

财务管理创新首先要做好准备阶段的工作。为了让企业员工能够更加配合，领导应当召集员工一同对决策进行商讨，做出符合大家都认同的最终决策，然后再对管理创新所需成本加以测算和确定。成本对于企业经济发展极为重要，因此成本的确定要全方位考虑，确保最终成本合理性。成本合理性是财务管理工作的重点，是确保资金不会超支的关键。成本在计算过程中，需对软件的管理和运行、系统的维护以及员工的工资等支出进行计算。在预备阶段，与财务有直接或间接联系的部门都需要接受培训，强化企业内部的财务管理意识。企业创新财务管理首先要改变工作人员对财务管理的认知，转变工作意识。企业招聘需要以企业具体业务需求为主，按需分配，按比例分配，并找出一部分对会计信息分析、加工、处理较为熟悉的会计工作人员。这批会计工作人员不仅要能做好财务会计工作，还要了解企业信息建设岗位的工作内容，以此来实现财务会计信息与各部门数据无缝对接，不断地为企业财务管理创新工作后期的顺利进行打下坚实的人才基础。企业领导人员需要根据目前财务管理现状，对企业进行规划，并制定出企业后续的发展计划。因为企业财务管理创新无法与其他创新一般，短时间内就获得良好的效果，所以制定财务管理创新后的发展计划，是能够让财务管理工作后续顺利进行的关键。

（二）建立完善的财务管理监督体系

企业财务管理工作中的核心工作内容是财务管理监督。财务管理监督工作主要是对企业各项财务活动进行有效监控，发现企业在运行过程中可能会出现的风险，并及时制定相关的风险防控措施，提前对风险进行预警，降低企业的开发风险。财务管理监督对于财务管理工作的重要性是其他工作无法代替的。在大数据背景下，企业更需要在财务管理工作中建立财务管理监督体系，优化众多的财务管理数据，并从海量的数据中找到优化企业发展，控制企业风险的相关数据，实现数据的优化目标。财务管理监督体系的建立还能够强化财务管理人员的工作积极性，让财务管理工作的效率得到较为显著的提升。比如：将企业内部人员信息、薪酬标准、规章制度、考勤、休假、重大事项审批等信息，进行有效收集并录入信息数据库，以信息技术和大数据技术为支撑逐步实现该数据库与财务管理、预决算、收益系统等相互关联，便于财务人员根据来源不同的数据做分门别类的研究分析，实现对企业财务、经营、决策、管理、人员、物资等方面及时有效的监管，既能防控风险，也可为后期决策的制定指明方向、提供依据。

（三）增强财务管理意识

财务管理体系的建立、实施、维护，还有最重要的一点，就是企业财务管理工作意识。企业财务管理工作意识并非只是要财会人员具备，企业中的领导人员和企业内部所有部门的人员也需要具有财务管理意识，只有这样才能做好企业发展决策，让财务管理部门能够与企业内部所有部门进行良好的合作，完成企业财务管理工作。企业全员都要有财务管理意识的目的在于，让企业全部人员都有承担风险的责任，避免在出现财务问题时互相推诿，无法找到问题发生的根源。企业内部有效合作，不仅能够加强企业财务管理有效性，还能让企业各部门之间进行有效的相互监督，如此便能不断地促进企业的良好发展，让大数据技术应用在企业财务管理中发挥更好的作用，帮助企业完善财务管理制度，在建立财务管理体系中不断地做出创新贡献。

（四）制定有效的激励制度

激励制度对于企业发展来说极其重要，有激励才能有进步，有发展。激励制度还可激发员工工作的积极性及主动创造性，让企业财务管理能够更好地在企业发展中做出有效贡献。为了让大数据技术更好地融入企业财务管理工作中，企业必须要确保内部激励制度的有效性和落实性，若无落实自然无法激发员工创新积极性。激励制度需要根据企业发展不断变化和完善，将激励制度与绩效考核之间进行有效的联系，激发企业内部全体员工的竞争意识，充分地挖掘企业员工的内在工作潜力，让财务管理工作能够得到更加全面的完善和实施。

现代我国进入大数据背景下，在该种背景下发展，必然要不断地进行创新。作为企业发展重中之重的财务管理工作，必须要适当地融入大数据技术，站在企业发展的角度进行有效的财务数据管理分析，对企业发展进行宏观数据调控，为企业管理人员的决策提供更加有效的信息数据。大数据背景下，数据信息的传递共享性极强，但是也存在一定的安全隐患，财务管理人员必须要时刻保持创新思维，及时发现问题，及时解决问题，让企业财务管理能够在大数据背景下成为推进企业发展的重要助力，实现企业可持续发展的时代战略目标。

第三节　大数据的互联网金融企业财务管理

随着大数据技术的快速发展，在互联网金融领域中大数据技术已经得到了广泛的应用，为互联网金融企业的发展提供了坚实的数据支撑和服务，并不断推动该行业的模式创新。在大数据技术下如何进行互联网金融企业的财务管理，这一问题受到了行业的广泛关注和讨论，如何应用大数据技术使企业财务管理更加完善，这是当前互联网金融企业研究的热点。

大数据技术的发展对互联网金融企业财务管理有着重要的促进作用，基于大数据技术，互联网金融企业能够不断创新企业的财务管理体系，弥补当前互联网金融领域的不足，降低相关风险，根据数据对用户的需求进行精准化管理，从而提升财务管理效率。

一、基于大数据的互联网企业财务管理现状

（一）大数据技术应用理念推广有待加强

当前，互联网金融企业在内部推广大数据技术应用于财务管理的工作还有待加强，同时，相关的制度也有待进一步完善。理念推广不足制约着企业对大数据技术的广泛使用，互联网金融企业的数据复杂，数据量大，大量的财务数据需要更加高效便捷的管理手段，而大数据技术的推广能够有效解决这一问题。互联网金融企业在财务管理制度建设方面较弱，相关的监督管理机制也较为缺乏，因此企业在发展过程中容易以业务结果为导向，盲目追求客户数量的增加和产品销售的增长，忽视了财务管理风险的管控，由于大数据技术应用理念宣传较弱，制度不健全，导致企业在财务管理中对各项资产和业务的管理不严谨，无法进行全面深层次的管理和监控，很容易导致企业在快速扩张的过程中出现资金问题，资金短缺严重影响着企业的可持续发展。同时，财务管理中的风险管理制度有待完善，因为互联网金融企业的财务管理难度较大，财务风险较为复杂，变化多端，缺乏完善的风险管控制度会导致这些企业的金融风险增高，一旦爆发金融风险，企业的财务管理就会陷入困境，影响互联网金融企业的正常运行。

（二）互联网金融企业财务管理与数据管理有待规范

大数据技术的应用对推动互联网金融企业财务管理科学性有着非常重要的作用，但是该类企业的数据非常庞杂，数据规模大，种类多样化，对数据需要互联网金融企业进行专门化管理，当前这类企业对于大规模数据管理的专业性仍然有待加强。缺乏专业化管理导致企业对这些数据的管理效率低下，容易发生数据泄漏、丢失等现象，给企业的发展和财务管理带来风险，需要互联网金融企业逐渐完善对大数据的管理，建立健全完善的数据管理中心，提升企业的数据管理水平。

（三）互联网金融企业财务管理信息化程度较低

互联网金融企业财务管理信息化程度较低，主要体现在互联网金融企业财务管理信息化建设投资不足、信息化体系建设不完善等方面。首先，互联网金融企业在财务管理中投资较低，较低的资金投入不利于企业的财务管理信息化建设，在财务管理流程中必要的硬件、软件更新换代都需要资金的支持，缺少足够的资金，这些升级就无法顺利完成。当前，互联网金融企业的发展模式较为粗放，管理层普遍更加重视能够为企业直接带来经济利益的业务，将更多的资源向这些部门和项目倾斜，所以在资源紧缺的情况下，财务管理信息化建设就被搁置。其次，互联网金融企业在构建财务管理信息化系统的过程中缺乏一致的信息化体系，现存的信息化体系标准化程度较低，这种情况下，企业在财务管理信息化建设中就无法形成高效标准的建设模式，不利于将有限的资源进行整合和充分使用，导致过去冗杂的程序和人员得不到合理科学的配置，不利于互联网金融企业在发展过程中完成财务管理的信息化和标准化建设。最后，互联网金融企业在进行财务管理信息化建设过程中遇到的阻碍较大，包括各项组织之间的信息传递障碍，这些阻碍影响了企业的信息化建设。任何企业的组织管理都关系着企业的各项工作，良好的组织管理能够促进企业的财务管理水平提升。针对互联网金融企业在组织管理中存在的诸多问题，企业应该充分予以重视，为财务管理信息化建设提供良好的组织基础，减少管理优化中的阻碍，增加信息传递的效率，促进企业的财务管理信息化建设水平的提升。

二、基于大数据的互联网企业财务管理研究

（一）提升互联网金融企业大数据技术使用理念

互联网金融企业在发展过程中应该充分重视对大数据技术的使用，全面借鉴互联网技术，将互联网技术与传统的金融模式相结合，而不应该只是套用互联网的外

衣进行传统的金融服务。应该借助大数据技术,充分了解客户需求,挖掘客户所需的服务进行匹配,更好地提升企业的金融产品和模式。企业的管理层应该加强对大数据技术应用理念的推广,尤其是在制定企业决策的过程中,应该改变过去传统的决策依据,摒弃过多地依靠经验进行决策的模式,充分利用大数据,借助大数据对各项业务进行更加全面地分析,从而得到更加科学合理的决策,降低传统决策带来的高风险。再者,互联网金融企业应用大数据技术能够有效地降低企业的成本,能够进行更全面的数据分析,并使数据分析的成本逐渐降低,技术也逐渐成熟。互联网金融企业在财务管理过程中采用先进的大数据技术已经成为发展趋势。企业领导层应该充分认识到,大数据技术对提升互联网金融企业财务管理水平所起到的重要作用,在企业内部大力推动理念宣传,培养一大批专业的财务管理人才。企业要提高财务管理人员的大数据技术水平,不仅要提升管理层的大数据技术使用水平,同时还要大力提升基层财务工作人员的大数据应用水平,将财务管理的实际业务与大数据技术的培训应用结合起来,加强大数据技术在互联网金融企业财务管理中的重要性宣传,用理念带动实践,在企业的财务管理中真正做到大数据技术的广泛使用,全面提高互联网金融企业的大数据技术使用理念。

(二)建立独立的财务管理部门进行大数据管理

互联网金融企业的财务管理应该逐渐完善各项业务的管理,明确不同部门的职责,做到权责到人、责任到岗,逐渐完善企业的财务管理制度。大数据技术的应用帮助企业完善各项财务管理制度,完善的制度才能够推动企业具体财务工作的开展。互联网金融企业的财务管理涉及范围广,管理难度大,风险也较为复杂,进行财务管理的过程中要重视各类财务风险的暴露,重点监测各类频发的风险,加强对风险的管理。首先,互联网金融业要完善企业的财务管理平台建设。应用大数据技术搭建先进的财务管理平台,为企业的日常财务管理工作提供更加优质科学的操作平台,帮助大数据技术团队与传统的财务管理团队融合,发现问题及时解决,不断优化企业的数据网络,为数据分析提供良好的设施和网络系统。在原始数据的采集过程中充分发挥传统的财务管理经验,保证原始数据的真实可靠,为大数据分析奠定扎实的基础。企业要加强财务管理人员和大数据团队人员之间的交流,增强各平台、各部门之间的联系,充分发挥互联网技术的优势,对各项财务数据进行科学地汇总和处理,集中管理,对企业发展中的各项数据做到及时更新,为财务管理人员的工作提供全面的数据支持。其次,互联网金融企业内部应该设立专门的数据管理部门,对大量的财务数据进行统一管理，防止财务管理过程中对数据的处理出现失误，降低风险。企业应该建立专业的财务管理部门对财务数据进行管理，专业化的管理能够进一步简化财务管理部门的任务。由于互联网金融企业的特殊性，该行业企业的数据非常巨大，这些复杂的商业数据如果得到统一的管理会大大降低企业的管理成本、提升管理效率。若将这些数据进行共享，会进一步提升企业内各部门之间的协调性，方便各部门分享资源，提升工作效率。当然，这项工作的开展需要企业具备成熟的数据管理能力和大数据技术以及完善的职能管控和技术水平过硬的财务管理人才；需要企业进一步探索具体的模式创新，加强财务管理的科学性和先进性。

（三）基于大数据技术建立健全企业的财务信息化系统

互联网金融企业可以充分利用大数据技术建立企业的大数据库，大数据库能够为企业的财务管理信息化建设提供强有力的支持。

大数据技术的应用能够有效地解决互联网金融企业在财务管理信息化建设过程中的诸多问题，包括信息化体系中对财务数据的收集、整理、分析等各个环节，通过对财务管理中的预算、结算、核算、资产管理等业务的处理，将不同的账务纳入信息化体系管理中，加强财务处置的效率。同时，根据对大数据的分析，企业能够更加全面地掌握不同业务中财务数据的情况，对企业的财务状况进行更加科学专业的分析，为企业的发展提供决策基础。互联网金融企业的财务管理较为复杂，需要企业的财务部门建立完善的财务管理流程，将各类账目进行科学地分类，设立专业的账目管理规则，运用信息化管理系统对大量的账务进行统一的管理，对有关账目进行高效准确的分发，分配给专门的部门进行处理，将处理信息进行共享，实现数据在企业内部的高效共享，大大提升数据的使用效率和价值。此外，在建立健全企业财务管理内部控制机制的过程中，企业的相关部门应该根据实际情况进行充分地分析，包括对企业业务发展、财务状况、市场环境等多方面的状况进行系统性分析。根据分析结果制定切实可行的内部控制机制，这个调查分析的过程需要互联网金融企业充分应用大数据技术的支持。根据大数据技术进行详尽的分析，利用大数据分析优势，充分理解当前的发展现状，将内部控制制度专业化、科学化，帮助企业建立健全互联网金融环境中的内控机制，有效地防范风险，尤其是财务风险，提升企业的整体管理能力。

基于大数据技术提升互联网金融企业的财务管理是当前行业研究的热点话题。利用大数据技术的优势全面弥补互联网金融企业在财务管理领域的不足，增强企业的财务风险管控能力,提升管理效率,不断优化企业的财务管理体系,增强互联网金融企业的竞争力,是今后一段时期内的发展方向,互联网金融企业应该充分重视和利用大数据技术完善自身的财务管理水平。

第四节　大数据背景下的农村财务管理

大数据技术的应用改变了农村财务传统管理模式。随着新农村建设的不断发展,农村财务所涉及的内容及项目也在不断增加,资金的流入和流出更加多元化,财务管理亟待升级完善。大数据技术的应用为农村财务管理提供了新平台,运用信息技术、电子技术以及大数据技术能够有效提高农村财务管理效率,充分体现大数据下财务管理的优越性,以此促进农村财务管理的持续升级。

农村财务管理具有一定的复杂性。在大数据技术应用逐渐普及的今天,农村财务管理理念、管理模式、管理流程等都有很大转变。农村财务管理中融合大数据思维,依托网络资源实现管理升级,降低财务管理成本的同时,有效提高农村财务管理效率,积极跟进时代发展和科技发展步伐,促进农村财务管理逐步向透明化、信息化、平台化方向发展。

一、大数据背景下农村财务管理创新的战略价值

大数据是依托网络数据资源建立起的数据集合,具有数据丰富、计算精准的特点,能够有效降低数据信息成本,获得更具前瞻性和指导性的数据。在农村财务管理中,大数据技术的应用有利于提高数据信息的传输价值,提高数据整合和应用能力,通过大数据分析能够为村委会、上级政府、上级财政部门提供更精确的财务数据信息,尤其是每笔资金的使用和流动情况都会有清晰记录,各类财务项目轨迹会更加清晰。在大数据支持下,农村将建立全新的财务管理平台,实现财务信息的高度共享,数据的搜集、整理、应用效率不断提高。通过大数据财务信息的提炼和分析,能够发现更多隐性财务信息和管理信息,这些信息的发掘和应用对提升农村财务管理质量、制定更科学的财务政策有积极的促进作用,其战略价值不容忽视。

二、农村财务管理现状

（一）财务公开力度不足

大数据背景下的财务管理对信息公开提出了更高要求，而这正是不少农村财务管理中的短板。以前财务公开存在较大的随意性，缺乏系统性和规范性。虽然有些村委会已经建立起财务公开机制，但是具体公开内容却流于形式、数据敷衍，在项目体现中存在疏漏，数据不够具体，而且对财务公开时间没有具体严格的要求，这些都会造成农村财务制度落实困难，群众无法及时了解集体财务情况，心中疑虑较多，同时也会削弱群众对村务工作和财务工作的信任，严重者还会导致村委会和村民关系紧张，村级治理能效下降。

（二）会计核算混乱

在农村财务管理中，各项财务制度的执行有一定偏差，造成村级账目真实性差，难以客观体现资金的配置、流动、收支等情况。比如在会计类目中会有"总收入"这样的内容，与新会计制度规定有很大出入。在记账方式上有些农村财务管理人员仍以"增减记账法"为主，在内部控制方面执行力不足，有些村委会连基本资金管理制度都未落实，每个村干部都能收支现金，没有严明的制度约束，甚至出现白条抵库等不正常现象。农村财务资金在支出方面随意性较大，资金流动缺乏严格监督，很多资金被占用、挪用。还有些村干部在零星公务花销中不报账、不入账，或者将上级财政资金投入到集体投资项目中，这些都造成账目混乱，会计核算数据真实性不足。

（三）财会人员信息化素养偏低

大数据下农村财务管理对工作人员的信息素养提出了更高要求。当前农村财务管理队伍中的人员老化、退化问题比较明显，自身信息化素养偏低，有些财务管理人员甚至不能熟练使用电脑、熟练上网，这些问题势必会造成财务管理信息化发展滞后，难以在财务管理中突出大数据优势。而且农村财务人员很少有培训学习的机会，无论是信息技术培训还是专业技术培训都缺乏系统性和常规性，最终造成财务管理人员信息技术素养偏低，难以适应大数据下财务管理的创新需求。

三、大数据下农村财务管理模式的创新路径

（一）在农村财务管理中树立大数据意识

大数据背景下每天都会有海量数据生成，这些数据集中在互联网中，为各行业工作的开展提供了丰富的资源。在农村财务管理中，大数据技术的应用逐渐形成趋势。运用大数据技术发掘、应用各类数据，对提高农村财务管理质量、提升财务管理效率有良好的促进作用。在这样的发展环境下，农村财务管理人员要树立大数据意识，认识到财务工作与大数据结合的必要性，积极参与到大数据化管理中来，主动采用新技术、新模式展开财务工作，将大数据技术与财务管理相融合，将其渗透到财务管理的每个环节。财务管理的信息化发展首先要有管理意识的转变，着力提升自身数据发掘和管理能力，协调好村集体各项财务事务，这样才能尽快适应大数据下的财务管理环境，提高农村财务管理效率。

（二）完善农村财务信息化基础设施建设

大数据技术的应用为农村财务管理拓展出一条新途径，虽然大数据技术对农村财务管理有一定的优化作用，但是与之相匹配的财务软件并未开发成熟，尤其是针对农村财务、农村经济的财务软件更加稀缺。从当前农村财务管理软件的使用情况来看，不少软件功能简单、操作单一，数据处理能力有限，这样很容易造成财务管理中的信息孤岛，影响大数据技术优势的发挥。基于此，农村财务信息化建设一定要同步推进，应用与大数据技术相适应的财务软件，以会计信息为基础，利用网络资源对农村财务信息进行预测和分析，提高信息的应用价值，实现对财务管理流程的全程监控。制定与之相适应的财务管理、内部控制、财务决策规程，在财务管理、信息技术应用上提高综合效率，这样才能制定更科学的大数据财务管理体系，为农村财务管理制度的优化提供更精准的数据依据。

（三）财务管理采用"集中核算"模式

在大数据技术支持下，"集中核算"模式应用更加广泛，这是"村账镇管"模式的一种，是基于委托代理理论形成的崭新的财务管理工作体系。村集体有自己的银行账户，有出纳人员，会计人员则是村委会征集全体村民和理财小组的意见之后，镇政府委派到村集体进行财务管理的人员，工作人员待遇和编制与镇财务部门相同。村集体的经营权、收益以及审核权益不变，在此基础上镇财务管理中心组建专项财务管理小组，每个小组负责一个或多个村集体的财务管理及核算任务，在这样的管

理模式下,"村账镇管"更加合理,不会与相关法律发生冲突,村集体也比较认可这样的形式。这种模式的运行需要有稳定的网络体系支持,有信息化财务处理平台,通过大数据技术能够加速农村财务管理集中核算实施的可行性,提高财务综合管理效率。

(四)村镇联网,充分体现大数据财务管理优势

村镇财务联网以光纤技术为基础,实现村级、镇级、县级、市级等不同级别财务信息的直接连通,而且信息一对一交流,构建了完善的互联网财务管理平台,实现村级财务和乡镇财务管理并网。在这样的管理模式下,村镇财务将进一步规范各类财务票据的流通和管理手段。镇财务管理中心将实施对村级财务票据的统一管理,执行财务核销制度。农村财务各类收支票据经过审核之后,都会在信息平台公开展示,财务人员必须保持财务票据一次性统交,不允许后续补录。村集体会计人员每天都要对现金流动、银行收支等情况进行核对,保证每一项收支都能够完整地录入信息平台体系,确保核算数据精准无误。村级财务管理,通过大数据技术的应用建立起各级财政审核和查询功能,如果有大额财务流动,必须经过财务预警流程,提交大额支出报告。这样的管理模式能够进一步完善村级财务监督体系,建立起农村财务管理的风险预警机制,通过大数据信息及时发现财务管理中存在的问题,同时还能减少农村财务人员的工作量,提高工作效率。

此外,村委会财务数据公开公示,可以从财务"墙报+触屏"的形式,通过互联网和大数据技术将财务信息及时通过电子屏显示。墙报信息适合年龄较大的村民读取,触屏信息则更受年轻人欢迎,通过触屏操作能够查询各类财务信息的来龙去脉,进一步提高农村财务管理的透明度,保障农民知情权。

(五)提高农村财务管理人员的信息化素养

大数据技术在农村财务管理中的应用,最重要的一个环节就是提高财务管理人员的信息化素养。只有具备良好的信息技术能力,才能熟练应用大数据技术和网络资源,能够从海量数据中提取对农村财务管理有效、有用的信息,通过大数据资源对农村财务管理的实施情况进行系统梳理,分析数据价值,以此作为完善农村财务管理优化的参考依据。村委会以及上级财务主管部门要重视财务工作人员信息化素养的培养,为其提供更多学习、进修、培训的机会,通过正规培训提高财务人员的专业素养,引导其更高效、更精准地应用大数据技术,为农村财务管理升级注入新活力。

综上所述，大数据技术在农村财务管理中的应用促进了管理模式、管理内容的变化，运用大数据技术提高了农村财务管理的透明度和公开度，有利于取信于民，提高村民对财务管理的认可度，提升村委会的公信力。同时，将农村财务管理信息融合于大数据平台，能够进一步提高财务数据信息的应用价值，提高财务数据共享效率，促进农村财务管理模式不断创新升级。

第五节　大数据背景下高校财务管理

随着信息技术和互联网技术的发展，各行各业的工作效率稳步提升，这在很大程度上促进了行业的进步。作为利益的"既得者"——电子化办公带来的工作精准性提升、工作效率的提高等显著优势，对我国财务管理行业的推动和促进作用不言而喻。但是与此同时，数据总量扩大带来的数据分析工作难度提升以及财务管理风险加大等现状，也给实际的财务管理工作带来了一定的挑战。近年来，我国的教育产业蓬勃发展，各类高校办学规模和办学水平都在稳步提升。但是大量资金向高校的涌入以及高校作为金融主体参与的投资与贷款总量的攀升，却时刻考验着高校的财务管理水平，稍有不慎，则可能导致高校财务体系的"崩盘"。在大数据背景下，对高校财务管理风险进行深入的研究，并提出信息时代高校财务管理风险规避的有效对策，是本节的主旨，希望能够对读者有所启发。

一、高校财务管理风险概述

高校财务管理，是指在高校发展目标和发展战略的指导之下，对校园内部资产进行购置、运营、分配和管理的全过程。高校财务管理以降低办学风险、提高资金运转率、提高办学效益为主要目标，以有效的财务风险规避和防范机制为手段，以促进高校的可持续发展为主旨，它是高校健康发展的命脉。然而在市场经济体制下，社会求学需求催生了高校扩张办学的欲望，高校招生规模激进化扩张、多渠道筹措经费甚至大量贷款举债进行高校扩建已经成为高校发展中的常态。据统计，我国高校目前的贷款总额在 2000 亿元左右，一些高校的贷款数额甚至达到了数十亿之多，这不只给高校的正常运营带来了极大的压力，也极容易导致各类财务风险发生，严重制约高校的发展与进步。总体而言，高校的财务风险主要分为三种类型，即债务型风险、投资型风险、流动型风险。

（一）债务型风险

债务型风险是指高校在发展各个环节当中，在高校建设以及运行过程中向金融机构进行资金举债的总和。高校债务大多为向银行机构的贷款，虽然这种贷款行为在高校发展是较为常见的，且对于维护教学秩序的稳定以及缓解教学经费紧张等问题大有裨益，但是一旦对自身的财务状况分析不清，高校的过分举债行为一方面会加剧自身财务负担，资金链断裂时会导致严重的财务危机的发生；另一方面，为了缓解债务危机，某些高校会盲目扩大招生规模或者违规提高收费标准，甚至是无故拖欠还款，这些行为都会导致高校信用体系的瓦解，影响了高校的社会形象，最终将高校的发展置于恶性循环当中。

（二）投资型风险

为了提高教学质量，高校需要进行教学软硬件设施的更新和完善，需要对人才进行引进和培养，这些行为都需要耗费大量的资金，如果不经过深思熟虑就投入巨大的款项，那么不只会导致资金的浪费，还会提高高校财务管理的风险值，给高校的发展带来制约性危机。

（三）流动型风险

流动型风险是指在高校财务管理工作当中，如果管理制度和机制缺失，管理的规范性和标准性不强，那么就极容易出现各类违规行为和财务管理缺位现象，导致财务赤字情况的发生。

二、大数据背景下高校财务管理中存在的主要风险问题及问题原因分析

（一）财务管理日常工作风险

就目前而言，我国高校财务管理工作中的漏洞较多，由此也出现了一系列的工作问题，给高校财务管理工作带来了许多风险。首先，财务管理的目标不够明确。很多高校以招生、教学作为日常运营重点，看待财务管理问题过分短视，这就造成了高校的预算编制水平不高、执行中的随意性较强，预算不能有效体现出学校的发展规划，资金使用中的超支现象严重，预算制度的有效性没有得到充分的发挥，高校财务管理的约束性不能得到良好体现。其次，财务管理内容过分单一。高校财务工作仍旧以算账、记账为主要职能，而忽略了新时代背景下、经济发展新常态下的

财务分析、财务预测和财务管理职能，很多财务工作人员看待问题较为肤浅，对于各项资金支出缺乏必要的效益核算和相应的绩效评价，这就使得高校财务管理者不能站在全局的立场上看待问题，工作中的针对性不强。

（二）财务管理内控风险

当前，虽然我国大多数高校都建立了财务内部控制制度，但是由于没有意识到财务内部控制与高校文化理念、管理理论、员工素质、人文环境等方面的内在联系，因此导致高校财务内控制度的具体实施状况不甚理想。高校财务工作不按照规章制度办事且学校内部缺乏必要的会计监督机制，事后审计工作中存在着明显的滞后性，这些都使得财务风险或者损失发生时，不能及时划定经济责任，追责工作更是难以开展。这些现状问题的存在，直接影响了高校财务人员工作的积极性和自觉性，进而造成财务工作的混乱局面。

（三）财务管理信息化风险

高校财务人员在利用计算机技术开展工作的过程中，对于一些操作行为往往不求甚解，知其然而不知其所以然，且存在过分关注财务数据而忽略数据真实性的问题，这就导致高校财务工作对于互联网和大数据技术的应用不够深入，内部财务数据的碎片化和错误化严重，给高校财务工作带来较大的风险。此外，在信息化办公更加普及的今天，高校财务人员对于信息风险的评估和预防能力严重不足，他们不能妥善处理数据对接、数据录入与数据分析中存在的大量误差，也不能应对网络入侵、电脑病毒给财务系统带来的侵害，这也是造成大数据背景下高校财务管理工作风险频发的重要原因。

三、大数据背景下高校规避财务管理风险的有效措施分析

（一）强化内部风险控制，改良权责发生制度

要切实转变高校在财务内控方面的不利现状，首先就要从思想观念上进行改变。高校应明确责任主体、强调意识先行、深入宣传教育，从而逐步构建起健全的财务内部控制体系。高校要重视预算工作，科学编制财务预算，将预算工作与高校的发展战略结合起来，并尽量实现各项业务与预算之间的对应分解，在此基础上明确预算管理决策机构、工作机构和执行机构三个层次的主体责任，对项目建设目标、项目预期效益、经费使用计划等进行充分的论证，并要求各责任主体定期汇报预算执行情况报表，从而体现出预算的严肃性，提高资金的使用效率。高校要构建有效的

内部监督和信息反馈机制，通过定期或者不定期的财务检查和抽查，实现对高校财务会计工作的有效控制和约束，并以严格的事前、事中、事后控制，提高资金使用的规范性，防止徇私舞弊行为的发生，保证风险控制手段的顺利落实。高校要重视起内部培训，不断提高财务管理人员的综合素质水平，强化财务管理人员的危机意识和责任意识，打造谦虚谨慎、认真负责的良好工作风气，建立并落实相关的责任机制和奖惩机制，以此控制和规范相关人员的行为，为高校的财务风险管理打造良好的环境。

（二）强化风险意识，构建全面的财务风险预警体系

高校应该进一步强化风险意识，重视做好资金使用的风险评估工作，以多元化的手段评估高校的整体运行情况以及资金使用情况，从而提前预测可能出现的种种财务风险问题。高校应建立财务风险预警制度，从风险识别、评估以及评级三个方面入手，计算出任何一项财务行为实施的风险值，预判财务风险发生的概率。高校要特别注意加强对金融贷款的管理与资金使用的跟踪监管，要采用大额贷款备案制度和上级审批制度，并保证按时还款还息，以此提升高校信用。在此基础上，高校还应不断完善风险处置机制，制定完整的风险应对和处置措施并对风险抵御方案进行合理论证，从而得到最经济有效的风险处置方案。

（三）加快实现高校财务工作的智能化、信息化，促进会计职能转变

在"互联网+"和大数据背景下，高校财务管理的智能化和信息化水平日渐提升，财务工作岗位的改革和分流日渐明晰：传统会计核算岗位将被淘汰，强调事前预测和事中控制等管理职能为主的价值管理会计的重要性日渐凸显。为此，高校一方面要加快新型财务人员的培养，帮助高校财务人员及时完成思维的转化以及能力的突破，使其成为财务工作领域的全能人才，以此促进高校财务管理水平的提升。另外一方面，高校应借助互联网和大数据分析系统，实现内部财务风险管理的实时化、集中化和动态化转变，并不断加快财务管理信息系统的建设和完善，从高校的实际运营情况和需求出发，引入专业化的财务管理软件和信息安全维护体系，以此完善财务管理通道，降低风险发生概率。

财务安全是保障高校持续、有序、健康发展的必要条件。高校一定要重视做好大数据背景下的内部控制体系建设，不断创新财务管理理念和方法，加强对内部资金、财产和人员的管理，只有这样，才能适应新时代的高校发展需要，才能保障我国教育事业的安全与稳定。

第六节　大数据背景下医院财务档案的管理

21世纪大数据背景下，信息化已成为当今社会一种不可逆的趋势。同时，大数据的广泛普及也为医院各项工作带来了变革，尤其是对医院财务档案管理发展的影响更为突出。本章指出了医院财务档案管理方面存在的问题，并针对这些问题提出了一些具体可行的改进措施，以提高医院财务管理的工作效率和质量，促进医院财务档案管理系统的全面、科学及信息化发展。

随着互联网和大数据的不断发展，大数据的广泛应用为人们的工作和生活带来了变革性的发展。随着我国社会经济的发展和综合国力的增强，我国人民的生活水平得到了提高，医疗体系也日益完善，医院的服务种类越来越多，服务的要求也越来越高，医院的财务档案管理工作是医院服务体系中的重要组成部分。但在当今日益发展的大数据背景下，医院原有的传统的档案管理方式已经无法适应当今时代的发展要求。大数据背景下创新为医院各项工作带来了新的发展机遇，医院财务档案的管理，提高医院财务档案管理的工作效率和工作质量，促进医院的健康长远发展成为相关领域的重要研究课题。

一、大数据背景下医院财务档案管理的优缺点

（一）大数据背景下医院财务档案管理的概述

大数据技术是以数据为本质的新一代革命性的信息技术。大数据背景下是指数据更加系统、全面且复杂不堪的时代。大数据具有速度快、时效高、价值密度低等特点。医院财务档案管理是指医院运营活动中形成的历史记录，亦是财务管理中的重要环节。

（二）大数据背景下医院财务档案管理的优点

在大数据背景下，医院可以利用大数据技术速度快、时效高、数据海量化的特点，进行充分的信息整合工作，以达到医院档案财务信息共享的目的。大数据背景下医院财务档案管理借助云计算技术优势，实现档案管理的自动化和高效化。充分利用大数据的优势还可以提高医院财务档案的使用频率，提高医院财务档案管理的工作效率。大数据具有数据海量且准确的特点，可以保证医院财务档案信息的完整性及

准确性，有效地保证了财务档案信息的安全性，避免因当前管理系统的信息化程度低或传统的医院财务档案管理缺点所产生的风险，并可以提高医院财务档案的管理效率，充分运用大数据技术来促进医院财务档案管理的发展，从而有利于整个医院的快速健康发展。

（三）大数据背景下医院财务档案管理的缺点

凡事有利也有弊。大数据背景下为医院财务档案管理带来了许多优点的同时，也存在一定的缺点。1.大数据的广泛使用，推翻了传统的纸质档案管理，从而使得医院的各项活动事务产生的财务信息都被直接输入电脑系统中，并没有直接保留原始的纸质版的财务信息凭证，不能完全保证医院财务档案信息的真实可靠性。2.医院财务档案信息是通过网络来进行查询的，查询人员并不能看到财务档案信息的最原始凭证，或许医院的财务档案管理人员会因为自身利益或被他人威胁而篡改医院财务档案信息，为医院的财务带来损失，这与原本利用大数据技术达到信息共享的初衷是相反的。3.在网络技术如此发达的今天，也存在一部分网络技术十分高超的黑客。医院的财务档案系统完全是利用大数据，通过网络进行计算使用的。在医院财务档案的使用过程中，医院的网络可能会被黑客攻击，因此医院财务档案的保密性和安全性并不能得到完全有效的保障，可能会给医院带来极大的不便，甚至造成一些不必要的损失。由此可见，大数据的应用并不能完全保证医院财务档案信息的真实性和安全性。

二、大数据背景下医院财务档案管理面临的问题

（一）传统观念制约着大数据背景下医院财务档案管理的发展

随着大数据的发展，医院的财务档案管理正逐步向信息化方向发展，为医院的管理系统提供便利，以达到信息共享的目的。但是，在医院财务档案管理向信息化方向发展的同时，大多数医院并没有及时改变医院相关工作人员对医院财务档案管理的传统观念。首先，医院的领导没有重视医院财务档案管理信息化，依旧采取传统的管理方式对医院财务档案进行管理，医院领导自身的传统观念没有改变，上级的工作思想及工作态度自然会深深地影响着下级的工作思想及态度，所以在这样的工作环境下，医院的财务档案管理人员缺乏主动学习新观念、新技术的愿望，从而导致医院财务档案的管理效率不高，信息的利用率也不高，使得整个医院管理系统的工作效率没有得到改善。

（二）缺乏专业的管理人员

当今社会，任何一个岗位的竞争都非常激烈，每一个工作岗位都需要专业的人员来担任。医院财务档案管理更需要专业的工作人员，以保证能够充分利用大数据技术，提高医院财务档案管理的工作效率。医院的财务档案管理是医院管理系统中的一个重要组成部分，如若医院的财务档案管理并不是由专业的管理人员进行管理的，甚至是一些没有基础的财务知识及计算机网络方面知识的人员来进行管理，就不能将大数据技术的优势充分利用起来，也会成为财务档案管理应用大数据的阻碍，甚至还会给医院带来一些不必要的损失。

（三）管理不规范

医院的财务档案管理正逐步向信息化方向发展。但是随着信息技术的发展，医院依旧存在着管理不规范的问题。很多医院财务档案管理制度已经严重跟不上时代，并且还存在着泄露数据的风险。由于医院管理不规范，对于财务档案信息大数据的控制力弱，使不法分子轻易地进入了医院财务管理数据库，无法保证医院财务档案的安全性以及保密性，也同时造成了安全维护困难。医院还存在着自动化管理程度低的问题。由于医院管理不规范，使得财务管理自动化程度低，没有很好地运用大数据，浪费了大量的人力，不利于工作效率的提升。

三、大数据背景下对医院财务档案管理发展的建议

（一）转变传统的思想观念

基层职工的工作观念很大程度上会受到上级领导的工作思想及工作态度的影响。所以要想充分发挥大数据技术的优势，促进医院财务档案管理的发展，医院首先应从领导阶层带头开始转变传统的财务档案管理意识，应顺应时代，与时俱进，树立医院财务档案信息化、科学化管理的新意识。医院财务档案的管理人员也应顺应时代的发展，更新自己的观念，运用自身对档案管理的专业知识，利用大数据的优势来管理医院的财务档案，以促进医院财务档案管理的自动化及高效化，提高医院的整体工作效率和质量，从而促进医院的健康长远发展。

（二）扩充专业的工作人员

在当今的大数据背景下，医院的财务档案管理系统也应随之变得更准确、安全。能否促进医院财务档案的信息化管理发展的一个重要因素是财务信息管理的相关工作人员的整体素质，所以需要更多的专业人员投入到医院财务档案管理的工作之中。

医院可以定期请专业的指导老师来给自己的员工进行信息化管理的培训，也可以定期派财务管理人员去其他优秀的医院进行考察学习，以更好地促进医院财务档案的信息化管理，提高医院的整体工作效率。医院要统一、集中、规范地对每项活动事务所产生的各种财务档案进行搜集整理，且要对医院财务档案进行分类编号并输入电脑系统，方便以后随时查询。医院财务管理工作应由财务、计算机、文秘等相关专业人员来共同完成。

（三）增强软硬件设施

任何一家医院的管理系统都需要较强的软件和硬件设备作为管理方面的工具。因此，在大数据背景下的今天，要想对医院财务档案进行更好地管理，医院需要加强对软件和硬件设施的更新升级，增强软件和硬件设施的管理。硬件设施体现在能够科学合理地分类保管医院财务档案的原始凭证，保证医院在需要查询医院财务档案的原始凭证时能够提取相关材料，以确保医院财务档案管理的安全性和保密性，从而促进医院的健康长远发展。

为了提高医院财务档案管理的工作效率和工作质量，医院一定要在财务档案管理中合理有效地利用大数据技术进行管理，促进医院财务档案管理的信息化，提升整个医院财务档案的管理效率，从而能够为医院减少不必要的损失，促进医院经营水平。实现医院财务档案的信息化管理，对社会、医院、患者、家属都是一种负责的表现，不仅促进了医院财务档案管理的工作效率，也方便了医院相关工作人员的工作，提升了医院在人们心中的良好形象。这样也达到提高医疗水平、更好地服务于广大人民群众的目的。医院应从领导阶层带头开始转变传统的财务档案管理意识，应顺应时代，与时俱进，树立医院财务档案信息化、科学化管理的新意识，培养并引进优秀的人才，建立起系统全面的医院网络信息管理平台，促进医院财务档案管理的更好发展，以提高医院整体的工作效率和工作质量，从而促进医院的健康长远发展。

第七节 大数据背景下中小企业财务管理

大数据对中小企业财务管理模式的转型升级提出了新的要求，传统的财务管理模式存在不合理之处。为了适应信息化、网络化的发展要求，中小企业如何构建新型的财务管理模式是本节讨论的重点。本节首先概述了大数据的含义，而后阐述了现阶段中小企业财务管理模式的弊端，最后针对中小企业财务管理模式的转型升级提出对策。

一、大数据背景下中小企业财务管理模式建设的概述

（一）大数据的含义

大数据是具有海量、高速、多样、价值密度低等特征的巨量资料。大数据时代的来临推动了数据分析、存储等技术的革新，颠覆了传统意义上对数据库的认识。具体来说，在大数据背景下，大数据技术的应用可以通过搜集整合海量资料，并通过计算机技术从海量数据中找到普适规律，进而应用在学习工作生活之中以提高效率。对于企业财务管理来说，企业财务管理的数字化信息更多，尤其是记账凭证、财务报表、账簿等处理都与数字密不可分。而随着网络技术的发展，财会领域也逐步从手工记账向会计电算化转型升级，财务管理的相关工作内容更多得需要电脑处理。然而，中小企业本身具有规模小、人员少、资金有限等特点，大多数财务管理还停留在使用陈旧过时的模式阶段。在大数据背景下，中小企业只有加快转变企业财务管理模式，适应今后发展的趋势，才能把握大数据时代的机遇，实现中小企业的长远发展。

（二）大数据背景下中小企业财务管理模式转型的必要性

大数据背景对财务管理智能转变的要求。中小企业由于受限于自身的弱势往往受到外部发展环境的影响较大。传统的财务管理模式中，企业财务职能只局限于核算和监督，主要包括审核原始凭证、报销、登记凭证、编制报表等，财务管理职能在整个企业的运营发展中存在局限性。在大数据背景下，依靠信息技术的支持，企业搭建自有数据库或者利用大数据技术存储企业的财务和非财务信息，转变传统财务管理人员的职能。不仅可以挖掘更多账表以外的信息，提升财务管理决策的合理性和科学性，也能通过大数据分析技术获取更加有效的信息，为整个企业的发展谋划出力。

信息时代发展的要求。大数据是数字化、智能化、信息化的代表，强调日新月异、适时高效。传统的财务报表均是阶段性报告，不能及时反映市场的变化，更加无法准确、及时地满足企业决策的时效性要求。大数据背景下，市场的瞬息万变都能有效捕捉。财务管理作为企业的重点部门，更需要及时转变传统管理模式，紧跟大数据技术的时代浪潮，让财务管理与大数据技术充分融合。即使企业外部环境发生变化，管理者也能通过大数据技术对财务系统进行适时监督，突破传统财务管理模式对信息掌握的滞后性，及时做出决策。

中小企业自身发展的需要。从节约运营成本上来说，大数据背景使企业财务管

理的数据收集更加智能化，减少了传统手工粘贴原始凭证、登记记账凭证的琐碎工作，降低了运营成本；此外，信息化平台的搭建。企业财务与外部单位可以通过线上业务办理、工作对接，节省了人力物力。从中小企业的风险防范要求上来说，大数据背景下为企业挖掘非财务信息提供了可能，财务管理人员可以整合更多的非财务信息，防范非财务信息对中小企业运营发展发生颠覆性的影响，提高中小企业应对未知风险的防范水平。

二、现阶段中小企业财务管理模式存在的问题

（一）财务管理模式水平低、不科学

一方面，中小企业发展水平低、起步晚，更加注重自身的业务盈利水平，缺少对财务管理的理念。因此，中小企业对于财务管理的理解更多停留在记账、审核等方面，也就无法全面及时地掌握企业的财务以及非财务信息，无法掌握市场信息和市场动向，也就难以利用信息对企业进行决策。另一方面，中小企业受限于资金不足，所使用的财务系统大多从外部采购。财务系统设备陈旧过时，使得企业财务管理系统无法实现实时在线的更新管理。其他部门也难以获取财务信息，部门之间的信息共享难以实现，最终导致企业发展错过市场机遇，造成经济损失。

（二）财务信息缺乏时效性、准确性

首先，在传统财务管理模式下，财务信息在上下级部门、平级部门之间的传递存在时差，造成财务信息的滞后性，管理者无法及时在第一时间拿到一手资料而进行决策，导致决策失误或者决策偏差。其次，信息传递的次数越多，信息的失真、失效性越强。在传统财务管理模式下，企业内部的组织层级越多，信息传递失真的可能性越大。在现代企业管理中，两权分离下，管理层存在为了谋求一己私利而篡改财务信息的动机，传统的财务管理模式无疑给了谋求私利的管理层可乘之机。因此，在传统财务管理模式下，企业财务信息的时效性和准确性都将大打折扣，这导致企业决策的延误以及在接收错误信息的情况下，做出错误的决策。最后，在传统的财务管理模式下，财务管理效率低下且多依靠事后管理的方法，财务部门的人员多在做重复性劳动且财务管理质量难以保证，导致管理者不仅无法及时对当下出现的问题做出处理，且难以利用企业内部的财务信息进行有效决策。

（三）缺乏专业的财务管理人员、先进的财务管理技术

大数据技术的发展有效促进了企业传统的财务管理模式向管理会计模式转型升

级。然而，现有的中小企业中仍存在传统的财务管理模式转型升级的困境。具体来说，一方面，传统的财务管理模式，更多地强调财务会计基础理论知识的简单应用，较少应用跨学科的知识，尤其是信息技术、数据分析、财务模型预测等跨学科的复杂知识。中小企财务管理的人员更多为基础的会计人员，学历层次均较低，难以在大数据背景下有效地开展财务管理模式的转型升级。另一方面，大数据背景下财务管理转型升级的基础——先进技术设备，往往购置成本、自行搭建成本高，且企业维护成本会加剧企业日常的运营费用。中小企业自身规模不大，在融资困难的情况下，为了节约成本，难以推进财务管理模式的转型升级。此外，中小企业财务管理部门的人员在电算化技术方面水平较低，即使企业的技术设备已经转型升级，短期内企业内部的财务管理部门也缺乏综合型人才，这就直接阻碍了中小企业财务管理模式转型升级的进程。

三、大数据背景下中小企业财务管理模式建设的对策

（一）转变财务管理理念，完善财务管理体系

一方面，大数据背景下，中小企业的财务管理模式转型升级势在必行，必须树立财务管理人员的新型财务管理理念，发挥人的主体作用，顺应时代发展的潮流，走在行业发展的前列。转变财务管理理念，必须从企业的管理层着手，以发挥管理层的带头作用，并将这一理念贯彻落实到企业的方方面面。具体来说，企业可以定期开展大数据信息技术与财务管理融合为专题的培训活动或者讲座，也可以与当地高校、研究所建立大数据应用方面的合作交流，为财务管理人员，乃至企业全体员工树立新时代财务管理理念。充分利用以网络技术为桥梁、以财务管理为核心的新型财务管理模式，切实推动财务管理模式的转型升级。另一方面，要进一步完善企业的财务管理体系，制定权责清晰的规章制度，立足于信息系统的平台，重新分配和安排财务工作人员的岗位，明确各个岗位的权限和职责。此外，面对大数据环境背景，根据新的环境要求下财务管理工作的新特点有针对性地改善传统财务管理体系，提高各个岗位工作人员的积极性，确保财务管理制度的顺利开展。

（二）优化财务管理流程，加速财务信息化和网络化建设

首先，企业对现有的财务管理组织结构进行优化和调整，合理分配各个层级、部门的职责，对决策流程和业务处理流程进行简化和优化，减少信息传递的次数，为搭建信息化共享平台提供制度保障。大数据背景下，财务管理模式的转型升级，

离不开数据平台的搭建、信息化和网络化的技术支持。也正因如此，上下级部门、平级部门之间可以通过权限准入制度利用数据平台直接获取财务信息，减少了传统财务信息传递的次数，提高了财务信息的时效性、准确性和真实性。其次，中小企业在逐步发展壮大的过程中，财务管理的难度也不断提升，在大数据背景下，利用数据平台，可以协调各个部门对企业资金的合理运用，有利于企业内部形成良好的资金循环，实现企业资金分配的优化。最后，大数据背景下，信息技术平台是搭建的桥梁，企业要合理利用大数据信息技术，打破传统财务管理模式的单机处理、无网络处理财务数据的模式。中小企业要合理分配资金、拓宽融资道路，搭建自己的数据网络平台，与高校合作开展数据信息安全维护、设备保养等工作，推动财务管理模式的转型升级。

（三）组建高素质、专业化财务管理团队

大数据背景下，企业更需要高素质、复合型的财务管理人员。企业注重财务基础知识和信息化技术的联合应用，以适应数字化、信息化经济的发展要求。从企业的角度来说，它需要聘请高学历、学科交叉的财务管理团队，让高素质的财务管理人员积极运用大数据技术对企业的财务管理模式进行转型升级，挖掘新的财务管理方式，不断提升财务部门对企业战略决策的作用。企业要加强对财务人员的再教育培训，让财务人员始终紧跟时代的变化趋势，及时学习新的知识，提升财务管理团队的综合素质。对于财务人员个人来说，不断学习新的财务政策知识、新的信息技术理念是财务人员终身的目标，财务人员只有不断加强自身的知识和技能的学习，才能不断提升自身的专业化水平，减少被替代、失业的风险，在新的大数据背景下实现财务人员的自我价值。

大数据背景下，中小企业财务管理模式转型升级势在必行。随着信息化、网络化潮流的发展，即使是实力弱小的中小企业也需要加强对数据的收集、处理、分析的能力，以数据平台为搭建的桥梁，以财务管理为核心，加速转型财务管理模式，提升企业在市场竞争中的竞争力。因此，中小企业需要从转变财务管理理念、完善财务管理体系、优化财务管理流程、加速财务信息化和网络化建设、组建高素质、专业化的财务管理团队这三个方面着手，以适应新时代发展的需要，不断提升中小企业的发展水平。

第四章　大数据时代下的企业财务风险管理的理论研究

第一节　大数据背景下企业财务风险

随着科技的迅猛发展，各行各业都迎来了大数据时代。互联网技术的普遍应用，显著提高了企业的工作效率，同时也给企业带来了更高的财务管理风险。因此，本节探讨大数据背景下企业所面临的财务风险及其背后成因，并提出在大数据背景下企业财务风险的防范措施，以期促进企业的持续发展。

如今，数据已经渗透到了各行各业，成为重要的生产因素，我们已迈进了数据改变生活的大数据时代。在大数据背景下，企业之间的竞争愈发激烈，企业若想在市场上获得持续发展，就必须将互联网技术进行科学应用，达到理想的收益；反之，若对互联网运用不当，企业就会被社会淘汰。鉴于此，为使企业在大数据背景下可以得到稳定且快速的发展，企业相关部门必须充分了解现阶段企业的财务管理现状，利用现有资源进行财务风险的预测与防范。

一、大数据背景下企业的财务管理风险

（一）筹资管理风险

企业的筹资方式主要包括股权筹资、债务筹资和混合筹资，每种筹资方式都存在一定的风险。在大数据背景下，互联网金融的广泛应用以及信息化的普及，使企业的筹资风险也更加明显。虽然股权筹资成本较高，但是相对来说筹资风险较低。债务筹资相对股权筹资来说，增加了不能及时偿还债务的风险，引起对企业一系列的不良影响，相对来说风险更高，而在大数据时代这种风险会更加明显。

（二）投资管理风险

在大数据背景下，企业想获得更多的数据就必须投入更多的精力，导致成本增加，进而投资风险也增加。投资收益与投资风险呈正比相关，因此投资风险越大，可能获得的投资收益越高，反之亦然。

（三）经营管理风险

在企业的日常经营活动中，由于管理者的管理能力和决策水平有限而导致企业出现资金周转不利、运营困难等问题的情况时有发生，这对企业的收益与运转造成不良影响。大数据背景下，财务信息来源广泛，在互联网金融的影响下，企业的财务数据规模迅速膨胀，若企业没有对日常经营活动中的各种财务数据进行完善的分类处理，将可能导致企业不仅没有获得收益，反而陷入危机。

二、大数据背景下企业财务风险的成因

（一）企业外部因素

企业的外部环境与内部管理都会直接影响到企业的发展，任何一方面出现问题都会导致企业财务风险的增加。在大数据背景下，如果企业只重视发展技术而忽视整个市场的总体技术环境，那么将会导致企业产业结构落后于市场，影响企业做出正确的战略调整，使企业发展受阻。若企业没有密切关注国家政策的更新，那么企业可能不仅错过了发展的机会，甚至会导致决策偏差，使企业陷入危机。另外，任何企业的生存都离不开金融市场。企业的资金获得需要依靠证券市场，而目前证券市场和金融体系还有很多需要进一步完善的地方，资金来源一旦出现问题，就会影响到企业一系列的生产经营活动，企业的财务状况也可能出现问题。

（二）企业内部因素

财务管理观念落后。许多企业为了迎合时代的发展，适应新的发展环境，纷纷将大数据融合到企业的方方面面，以求获得更好更快的发展。然而，在网络迅速发展的同时，许多企业的财务管理人员却不够重视财务管理信息化，导致管理观念落后，信息化财务管理水平低，从根本上拖慢了企业的信息化发展，严重影响财务部门的工作质量。

财务技术人才匮乏。财务部门作为应用大数据的重要环节，需要大量的财务管理人才与信息化技术人才。但对我国来说，大部分企业并没有大量的专业的信息化技术人才，而培养专业的财务管理信息化技术人才需要一定的时间和资源，因此我

国大部分企业财务管理信息化技术人才的匮乏也在很大程度上限制了企业的信息化发展。

财务数据容易丢失泄露。财务数据安全问题对企业来说至关重要，在大数据背景下财务数据安全问题无疑更为突出。在大数据背景下，企业若想利用大数据技术提高财务管理水平，就必须收集海量的基础财务数据，而这些数据都是通过互联网与平台上其他企业实时共享的，这说明企业在搜集数据的同时也会造成企业本身重要数据及信息甚至商业机密的丢失与泄露，导致企业信息泄露相关的财务风险。

财务决策失误。财务决策是企业高层管理人员根据现有的财务数据以及以往经验做出的对企业未来发展产生影响的决策，管理人员的失误决策可能引发企业的财务风险。财务人员能力不足导致数据分析出现误差，领导层对财务人员的建议不够重视，企业内部风险预测、控制系统不完善等都会导致管理人员的决策出现失误。

三、大数据背景下企业财务风险的防范措施

（一）持续关注企业外部环境

经济市场的长期发展存在着其既定的规律，企业若想规避风险、抓住机遇，就应该持续关注经济市场的变动情况，同时也要持续关注国家发布的相关政策，可以充分利用优惠政策，增加经济效益。

（二）转变财务管理观念并不断创新财务管理模式

面对大数据的飞速发展，只采取原有的财务管理模式肯定是不可取的，企业还应该及时学习先进的信息化管理技术，结合企业实际，构建符合企业现状的信息化管理体系，并及时关注信息化发展进程，不断对现行财务管理模式进行创新，确保财务管理的先进性。

（三）增强员工风险防范意识

在大数据背景下，要确保降低企业财务风险以及企业决策的准确性，就必须保证企业获得财务信息的准确性。在利用网络处理数据的阶段，管理人员与财务人员都应建立正确的风险防范意识，尤其在大数据时代，财务人员需要面临大量的复杂数据，因此财务人员也更有可能出现错误，财务人员应该时刻保持警惕，避免出现错误。企业的管理者更应该增强风险意识，谨慎做出每一个关乎企业未来发展的决策。

（四）加强企业人才队伍建设

现阶段，财务人员在企业财务管理活动中起到重要的作用，因此加强企业财务人员能力的培养十分必要。企业可以对财务人员进行大数据相关知识的培训与考核，在财务人员间营造竞争氛围，促进员工专业能力的提升。另外，企业还应该注重培养专业的信息化技术人才，这能够使企业更好地适应大数据时代，避免在发展的进程中走弯路。

（五）保证财务数据安全

财务数据的泄露是大数据时代一个不可忽视的问题，也是企业财务风险的重要来源，因此为降低财务风险，企业必须确保财务数据的安全。在实际操作过程中，企业可以建立数据使用权限，实时保护相关数据，设立科学有效的"云存储"，全方位安全地管理财务数据，降低财务风险。

综上所述，风险与机遇并存，互联网的发展为企业提供了快速发展的机遇，同时也带来了许多风险。在当今时代，企业若想发展就必然要承担一定风险，只有对大数据有着充分的了解并加以合理运用，才能从根本上降低风险，为企业的发展注入新鲜血液，在激烈的市场竞争中实现稳定发展。

第二节 大数据时代企业财务管理面临的挑战

随着互联网经济的发展以及大数据时代的来临，现有的财务管理理论和实践发展迎来了新的挑战和变革需求。本节从实际出发，把内容的重点放在当前背景下，论述企业的财务工作所面临的挑战和需要做出的变革，包括公司的盈利变化、决策信息边缘化、开放投资标准变革、公司改革创新、运营风险管理理论以及投资方式的改革。

一、大数据时代解读

大数据的定义是能够运用各种途径来获取巨量的信息。企业可以利用计算机对巨量的信息进行管理或是进行抓取等处理。大数据的正式出现是在20世纪90年代，但是当时对大数据的定义还比较模糊，直到麦肯锡对大数据进行了非常详细的解读，同时也较为详细地阐述了大数据的具体运用以及与之相关的影响。通过了解大数据的定义并进行分析可以得出，只有使用新的处理模式及相关的措施，才能完成对大数据流程的强化，同时实现供给信息等目标。第三次科技革命直接使得信息技术实现大幅度提升，促进了信息技术的高速发展，在这样的社会背景下大数据应运而生。人们的各种信息，比如地点、频率等方面的信息都可以被记录，并且通过互联网对这些收集到的信息进行整合，然后将这些信息进行储存，以此来构建一个规模极大的数据储存地。伴随着经济的不断进步，记忆科学技术的高速发展，大数据已经成为一种全新的技术。通过大数据能够提取其中储存的海量数据信息，并根据需要加以整合，然后进行分析。

二、大数据与经济发展

经济的快速发展，在技术上为大数据处理带来了一定程度的难题。大数据的发展并非依靠社交媒体或者生活服务等形态来进行经济方面的渗透，大数据时代的跨越是随着全球化的推进、数据凸显上的发展速度进行的。《大数据时代》一书中已经明确指出了："大数据其实是一种商业价值的资本，也是企业发展重要资本的积累，在经济发展中，要以创造经济利益为目的。当前，要以发散思维结合经济发展状况，有效地处理好大数据的应用关键。"

三、大数据时代下企业财务面临的挑战

大数据时代来临，代表着企业需要把大数据应用到工作中，这之中需要企业对财管工作进行严格管理，确保大数据技术的应用符合标准。大部分企业在进行运营时都不注重改革技术以实现技术的高效率，导致大数据成为企业财务工作中的阻碍和挑战，这之中的问题就包括"股东价值的计量与提升路径是什么？财务风险如何计量与防范？公司财务理论应该如何服务于公司财务管理实践？财务理论是否需要重新构建？"等。因为内容需要以理论服务实践为主旨展开，所以对理论上出现的问题就不多说了。企业在进行财务理论变革时，需要能够正视现行理论所有的局限性，避免对理论变革产生阻碍，以防变革后的新理论产生的作用被削弱。想要解决企业财务管理工作中所面对的大数据技术难题，就只有科学合理地处理好大数据。企业可以把金融理财方面作为突破点，发挥金融在理财方面的配置作用，并在此基础上进行提高，借此让企业在财管工作中取得更好的成绩。

企业需要从科学合理的角度去定位大数据在财管中的地位，确保大数据处理能

在企业财管中被恰当地使用。对资本预算和股利政策进行权衡,在其上获得更深刻的认知。财务管理人员在企业中的地位十分重要,他们能够确保企业的发展。当企业的资本模型中各部分比例发生变化时,就需要对企业的融资渠道加以改革,与此同时还要注意流动资金的剩余。对于如何发展企业金融业务,这是所有企业都需要面对的严峻现实问题,同时发展金融也是提高企业财务处理能力的有效途径。

四、大数据时代企业进行财务管理变革的要点

财管内涵的改变需要企业重视。企业需要跟上时代的节奏,把突破点放在大数据对企业发展提出的挑战上,实现科学规范地发展企业财务管理。对企业的财管工作加以明细化,让其他对财管了解不深的人也能很好地理解。冲破大数据带来的种种制约束缚是企业未来发展的客观需要,在具体实施财务管理的过程中,要把企业的决策和评价有机地融入其中,想要做到这点需要包括企业债权人和债务人等在内的企业所有人能够一起合作、努力。企业的内部同样有着很多知识是需要去重点关注的,比如企业所有的利润和流动资金的流向等。企业估值的基本方法应该以市盈率 PE 和市净率 PB 为基础。但是,全球的资本市场现在的走向和现在使用的财务理论所主张的价值出现了越来越大的偏差。腾讯在 2014 年的财务报告中的净利润只有 125.93 亿元,但腾讯的最新市值却高达 9124.50 亿元。反观同年利润达到了 350 亿元的中国石化工业,它的公司市值却只达到了 6000 亿元。从这两者的对比中可以看出,进入大数据时代后投资人已经不再以企业利润、现金流以及企业的营业收入等财务信息为主要关注点。大数据背景下,投资者更加看重的是企业所具备的创新能力和企业本身实施的商业模式。同时,企业在市场中的竞争力也同样是大数据时代投资者的主要关注点,而这项能力的强弱与企业本身所具有的资产规模并没有直接关系。

有关投资标准的变革。财务理论关乎着企业的运营机制,是一个在投资决策方面的机制性问题。资本回报率和股东收益的特殊要求都在研究财务理论的过程中体现出来。在企业对大数据背景下的财务管理工作的改革进行研究讨论时,财务学领域能够借鉴的用于评估投资项目的方法也存在着弊端,想要解决这样的问题,只能在评估的方法上面入手,尽量避免不合理、不科学的做法,如此才能对投资项目未来所需要的资金进行正确的预测,同时在改革中需要将传统的评价技巧融入其中。

重新构建财务风险的管理理论。降低风险是企业财务工作的核心所在,对风险

的管理也是企业财务工作的重点。这种观点与企业管理也有着密切的联系。想要实现财务工作的科学化，就需要企业能够通过各种形式对高科技人才进行引进，让他们在对项目的统计分析中提出规避风险的有效方法。我国现有企业近年来对风险的评估机制的改革都有自己的标准和特点，这让企业在面临风险时容易处在不利地位。一个企业面对大数据提出的问题如果不能做到有效的解决，那对于企业来说是致命的，甚至有可能使企业被淘汰。而现有财务理论在规避风险方面所能提供的解决方法大致有两种：一是对企业的资本结构进行适当的动态调整。二是与投资组合的思想（来自证券投资的理念）加以结合。在进行投资时遇到的风险问题对企业造成的损失可能会难以估量。在对企业的价格波动进行衡量时，企业本身对风险的控制能力是衡量的重要标准之一。不同企业间它们内部所有的风险大小也是不同的。风险的存在是无法抹除的，因此企业的首要任务不是去消灭风险，而是去尽量规避风险。企业在进行项目投资前，对可能面临的风险需要做出准确的评估，这种经验的积累需要在市场中逐渐学习。经济的高速发展会对企业产生刺激，促使企业进行投资活动，这就让企业面临一定的风险。所以企业在谋求更大利益的同时，还能够做到有效规避风险的话，对企业的发展就会有相当重大的意义。

重视对人才的培养。随着大数据时代的来临，企业想保持长久、稳定的发展，就需要培养具备丰富理论知识，同时还要有创意思维以及能力的人才。人才以及与企业发展相关的数据信息是任何一个企业都不可或缺的关键底蕴，因此加强对财管人员的综合素质培养是一个企业必备的措施。而想要做到这些，除了在进行员工的招聘时严格把关外，对已经聘用的工作人员也需要定期进行与工作相关的知识的理论培训，也可以请专业人士为他们定期培训。

在大数据时代的背景下企业的融资模式也需要改变。在传统的财务管理模式中，企业融资主要途径是通过银行。随着信息化的加深以及大数据时代的来临，企业逐渐采用轻资产模式，并逐渐摆脱曾经的重资产模式。轻资产模式的独特之处就在于它能够有效降低企业的资本投入，利用企业内部进行融资或者利用供应商的资金进行盈利。

要实现企业发展所需要的经验积累，财务管理的理论和实践便是一个途径。在对大数据时代进行充分了解和考虑的基础上不断修改和创新。为了能够及时地修正经营模式中不合理的地方，就需要给企业融资制定一个合理的审核程序，在大数据时代背景下积极推动企业金融迈入互联网。财管工作是企业各项工作中的重中之重，财管工作能够维持企业的运营并促进企业向前发展。这对于一个企业来说是相当重要的竞争力，使得企业能够在越来越激烈的市场竞争中生存并发展。

第三节　大数据时代的企业财务风险防范

随着社会经济体制的不断改革完善，企业对大数据的实际应用关注度逐年提高。而大数据给企业带来的优势也是显而易见的，其中最显著的就是可以帮助企业进行全方位的发展。就现状而言，大数据在开拓了企业运营模式的同时，也给企业带来了一定的财务风险。尤其是对相关税收、盈利情况和企业财富等方面的影响，给企业带来了很多困惑，在这种情况下，对于大数据时代的企业财务风险防范这一课题的研究就显得十分必要。本节结合笔者的实际工作经验，对以上提出的问题进行深入探讨，并为行业内的可持续发展提供合理化建议。

从某些层面上来看，大数据时代是计算机技术的再次更新与发展，而大数据分析与财务方向具有一定的关联作用，这主要体现在目前企业都积极将大数据信息运用在企业财务的建设当中。因此，企业非常关注计算机技术的发展，如果大数据时代性的相关内容建设没有完善，将会导致企业内部出现一系列的财务问题，由此会阻碍企业的经济发展，也不利于企业内部的平衡，给企业发展将带来巨大阻碍。因此，基于以上状况，在大数据的时代背景下，如何进行有效的财务风险防范，从而确保企业的平稳运行，本节将进行全面的分析与研究。

一、大数据时代下云会计的特征

云会计是以计算机为主体，凭借计算机对数据进行分析。这种方式只需要通过对大数据进行引流接入，在相应的平台下进行云计算，进而对企业的财务风险进行合理评估与防范。

在大数据时代的背景下，数据的自我生成速度不断提升，这就要求企业处理财务数据的能力不断增强，在计算机平台的云会计系统当中，不断完善会计信息服务的能力。在大数据时代背景下，会计数据得到了迅速而有效的处理，因其利用台的优势，对会计信息数据进行深入地研究和处理，有效预测了企业的未来发展状况，进而加大财务风险的防范力度，起到预警作用的同时也可以让决策更加精准。云会计的外部协同能力较强，有效地克服了空间限制，对用户没有了固定场所的限制，只需要借助网络就可以实现会计信息共享。这在很大程度上提高了财务的工作效率，并实现了信息的内外协同。

二、大数据时代企业财务风险现状

目前，云会计还是一个大数据时代下的新兴产物，在我国的发展还不成熟，由此会出现一定的财务风险，主要包括：

（1）要想达到云会计的良好落实，所依赖的云计算技术却不成熟。当前绝大多数的企业都在采用大数据时代下的云会计手段进行企业的财务决策，所谓大数据就是指大量杂乱无章的数据综合，大数据是一个还没有专业化的名词定义。因此，在这当中进行高效的信息分析处理工作是相对复杂的事情。从前的信息技术水平已经不能满足这样高速发展的时代背景，因此，计算机技术的有效运用是必然的手段。其中具有代表性的就是云会计，这种手段的运用最大限度地节约了人力成本，充分弥补了传统会计当中存在的不足，进而解决了传统会计当中的准确性低、效率不高等问题，从而为不断优化企业的决策流程提供有力的技术支持。

（2）会计信息化的标准和法律法规还不完善，这就有可能导致财务信息虚假。会计信息化的法律法规不完善，就意味着企业的财务制度不够完善，甚至是严重缺乏，也就导致财务系统的混乱。

（3）会计信息化的共享平台存在安全隐患。比如，目前流行的勒索病毒就能轻易地锁掉一家企业的会计数据，不管是应对病毒的侵入还是事后还原数据操作，对企业来说都是极高的成本，甚至是极大的损失。

三、具体管理措施

（一）完善云会计相关法律法规，构建信息共享平台

传统的会计信息储存空间不足，安全无法得到保障。大数据最基本的特征就是数据量的巨大，强调信息储存的全面性与持续性。传统的会计在实际操作当中运用了很多信息系统工具，但各系统工具间是孤立的，没有实现大数据的优势。由此导致管理层无法获取完整的企业信息，极易陷入盲人摸象的境地。

随着云会计渗透到整个大数据中，分布式处理、分布式数据库、云存储和虚拟化技术成为整个大数据的依托。云会计工作模式的出现，为传统的财务工作带来了很大便利。这种引入计算机管理的基本模式，通过互联网加强的企业的财务管理能

力。云计算替代了人力资源以后，帮助企业实现了更高级别的数据存储与数据整合。它能保证数据不占用企业自身的存储空间，完美保存在互联网的数据中心，使会计工作人员突破了时间与空间的限制；云计算也可以最大化地确保财务数据的准确性，从而增强财务管理的公正性。因此，企业可以充分利用大数据，在政府的引导下完善信息技术相关的法律法规，建立信息集成体系，利用大数据的优势避免财务决策出现偏差，进而对企业的财务预算起到正面影响。

我国现代企业在不断发展，部分现代企业会开展多元化的业务，促使企业朝着集团化方向发展。云会计要想适应这种大数据时代下的发展，就必须完善相关的法律法规。

（二）挖掘增值业务，创造新的盈利点

增值业务具有多元化的特点，综合性较强。在大数据时代下，企业应当充分利用大数据的信息共享优势，主动挖掘可以实现的增值业务。通过信息共享平台分析企业的盈利点，将主要工作重心放在改进只靠传统产业作为盈利点的产业上，进而提高企业的实际经济效益，实现大数据环境下的盈利点创新。

（三）加强企业财务预警与预算

企业的财务预算是防范企业财务风险的主要措施。因此，合理展开企业财务预警是必要的。在大数据时代下，企业可以围绕企业内的大数据平台，进行具体的财务风险预警方式方法的创新，企业财务风险的预算要充分利用大数据技术进行分析，结合企业自身的防范意识与抵御能力进行合理预算，最终达到提升企业风险防范能力的目标。预算管理可以让企业最大限度地了解公司当前财务状态以及未来可能面对的财务风险。企业要想预算管理，应从以下两个方面加强改革。

（1）增强预算全面性。当前，企业的在财务预算当中很难真正融入计算。企业管理层对财务预算的重视程度较低，相关工作人员的预算能力不足，从而导致计算的内容不够全面，准确性不高。因此，在大数据时代下，要引入云会计的理念，进而保证预算的精准性。

（2）设置警戒线。在企业预算当中，很少有人注意到设置警戒线，但设置警戒线是一种必要的财务预警形式。当企业内某项财务计算超过或达到预警值时，企业就应当充分引起重视。

（四）建立财务风险制度

企业财务风险管理体系的建立，是衡量一个企业是否发展成熟的标志之一。因

此，企业应随着经营状况和周边环境的变化相机而动，以应对企业运营过程的潜在危机和风险。企业若组织结构建立的不得当，导致其盈利能力下降，资金紧缩，由此承受风险的能力也就跟着降低。

在大数据时代下，企业要充分利用计算机技术的优势，对基本发展状况进行充分分析，吸纳使用性能强的运营经验，建立财务风险的有效管理机制。

其一要充分利用大数据的背景，建立基础数据库，通过对数据库的定期更新，做出分析与对比，建立长期的风险概率的走势图，为企业提供有效的数据资料。其二要合理使用大数据云系统，建立财务凭证的保管机制，收集整理重要的信息资料，应当安排专业的技术型专职人员负责这项工作。其三要成立风险防控小组。在基础数据库的基础之上，成立专门的防控小组，最大限度减少企业的经济负担，确保企业经济利益的最大化。同时，企业的管理层人员应当增强对风险的防范意识，要及时准确地引导相关运营人员积极主动参与企业经济建设工作。通过建立工作人员的绩效考核机制，做到依据规章制度做事，奖惩相互协调，实行以奖励为主、惩罚为辅的工作人员奖惩机制，从而建立全面的风险管理体系。

当前，在大数据时代的背景下，绝大多数企业都会积极加强相关方面的建设，而这些建设内容正是加速企业运转能力的主要力量。但是，在加强市场运行以及市场拓展速度的同时，大数据时代下的企业也承担了很大的财务风险。这就要求企业应当具有较强的风险评估能力，合理解决二者之间的关系问题，最终减少因企业风险而带来的巨大经济损失。针对上述问题，本节提出了一定的应对方案，以期对大数据时代下的现代企业的财务风险防范提供指导建议。

第四节　大数据时代企业财务风险预警机制

网络信息时代的来临，诞生了一大批新兴的理念与技术。大数据技术便是其中之一，它的兴起受到了很大的关注与重视，并且被逐步运用到不同的行业、领域当中。企业在经营和发展的过程中难免会遇到各种不同类型的风险，其中财务风险直接关系到企业最终的经济利润。为了进一步降低财务风险，保证达到既定的企业财务管理目标，企业应该借助先进的大数据技术，制定出合理的财务风险预警机制及实施路径。本节通过说明企业财务风险预警机制的构建情况，提出基于大数据时代下企业财务风险预警机制的实施路径，从而有效提升大数据时代下企业财务风险预警管控的总体水平。

在飞速增长的经济发展形势的推动之下，国内的经济环境已经发生了翻天覆地的改变。很多企业在运营与发展的过程当中都会面临着不同程度的财务风险。企业为了在竞争激烈的市场中占据有利的地位，应该建立相应的财务风险预警机制，明确具体的实施路径，一旦碰到财务风险，企业能够有效地进行识别与判断，同时不断提升预测的精度，帮助企业最终获得更多的经济收益。为此，系统思考和分析大数据时代下企业财务风险预警机制与路径的有效策略显得尤为必要，也有一定的研究意义与实践价值。

一、企业财务风险预警机制的构建说明

基于大数据环境背景下，就企业的财务风险预警机制的种类而言，就包含了常态预警机制、特殊预警机制等不同的类型。其中，前者在企业运营的过程当中十分常见，后者则在进行重要决策的时候才予以实施。企业财务风险预警机制包含了反馈预警的结果、评价预警的成效、预警报告的编制、财务风险的判定以及相关数据信息的采集等不同的环节。在数据信息采集时，有关技术者运用电脑，以自动收集的形式，完成企业的运营与整个行业经济信息的更新任务。比如，常见的行业经济有关的数据信息、相关供应链公司所公布的数据信息，以及企业的财务相关数据信息等等，都需要实施科学统计。

非结构与半结构的数据信息，应该优先加以分析与处理。半结构当中的数据信息经过分析之后，可以体现原有数据信息具有的变量情况，借助计算机实施分析，完成相应的任务。企业判断风险的过程中，如果借助风险预警机制，则应该事先对风险的种类加以分析，以便明确是否进行风险预警，这也属于预警机制当中的关键环节。企业依靠计算数据库内拥有的大量相关数据，对其加以系统分析，掌握有关宏观经济、供应链传导以及行业风险等不同方面的情况，科学辨识企业的运营风险、竞争风险以及法律风险等等。

企业以当前的财务预警机制视角而言，当进行量化的结果已经高于相应的风险预警临界值时会自动进行预警决策。所以，利用风险预警临界值能够确保最终的预警成效。如果临界数值太大，会使企业忽视相应风险，可能运用更加冒进的对策；假如临界值太小，会让企业失去最合适的发展机遇。并且，所构建的财务风险预警机制难免失去人工智能技术与大数据技术的有效支撑，当神经元模型和向量机模型

予以支持之后，才能获取最佳的临界值。利用向量机模型可以获得最佳平面，同时细致分析通过数据库计算获取的变量结果，完成对企业财务风险的科学评定任务。

二、基于大数据时代下企业财务风险预警机制的实施路径

（一）注重科学分析行业风险测度情况

行业风险分析，主要是以预警企业作为主要的对象，已所在行业的状况带给企业潜在的干扰情况加以科学分析。在庞大的行业当中，企业是必不可少的构成部分之一，一定遭遇到整个行业状况的干扰，而行业内部的竞争情况则决定了企业生存与发展的难度。上述因素主要参考相应的行业集中度、经济利润率及销售增长率等相关指标加以判断。通过通过应用先进的大数据技术，不但能够及时更新相关量化指标，而且有利于企业的高层人员全面、系统地掌握相关的信息状况，以便得到更加有价值的信息，使预警分析变得更加精准。

（二）加大对供应链传导影响的分析力度

所谓供应链传导方面的影响，主要针对的为上、下游企业财务情况和改变的势态依靠供应链传导的方式带给企业一定的作用影响，对企业的财务风险进行评估的过程当中，应该针对供应链传导的影响情况加以分析。一方面，需要对上、下游企业相应的依赖度情况加以分析和判定，此方面的因素需要参考供应商所在行业相应的密集度、单家的采购量占据比例以及零件的重要性等相关指标加以判断。另一方面，需要科学分析那些依赖度很高的上、下游企业具体的财务情况，如果发觉存在相关的财务风险的时候，则应该进行科学地预警与分析。

（三）确保企业内部动态重点分析的科学性与合理性

企业科学分析内部运营重点情况的时候，需要重视对相关财务风险预警机制的有效利用。以整体的类型角度而言，企业内部的情况，主要涵盖了非财务、财务等两类不同的情况。对于上述两类来说，企业的内部财务情况相应的难度是很低的，进行判断的过程中，要求科学运用企业的 ERP 系统相关软件，借助其中不同类别的财务指标与数据信息，完成分析与总结的任务。在此过程当中，企业利用上述相关的数据信息，可以体现出具体的运营、偿债、经济利润及抵抗风险等方面的情况。显而易见，上述相关因素均会带给企业运营和管理不同程度的影响。因此，科学分析上述情况可谓非常关键。通常情况之下，由于非财务情况方面的因素十分复杂，以具体内容情况而言，涵盖了企业相关规章机制的落实效果、内部管控机制的构建

状况及企业具体的治理构造等不同的环节。上述因素尽管不能带给企业财务风险最为严重的干扰，不过依然将形成微小的影响。比如，在企业的内部管控机制出现不够完善，抑或存在明显的问题与不足时，必然会增加企业的财务风险。

（四）做好行业关联影响情况的合理分析工作

行业关联影响，是指除企业的上、下游行业之外的其他关联紧密的行业，其发展变动带给企业与其行业方面的影响情况。以宏观经济环境的角度来看，不同行业间显现出密切的关联情况。例如，建筑行业发展缓慢会导致钢铁和木材等相关上游行业和家电等相关下游行业均被影响，带给广大民众的经济收入很大的不良影响。即便是关联不特别密切的餐饮行业同样被间接影响。所以，企业通过利用先进的大数据技术，科学收集与分析历年的相关数据信息，进而科学判定不同行业带给所在行业的影响状况、整体的影响势态，以及明确紧密关联的行业。随后，结合所分析得出的行业具体状况，合理预测此行业在未来的发展状况，以便科学判定其有无风险，如果存在风险，则深入掌握其具体的情况。

从本节的阐述和分析当中，可以看出，系统分析与思考大数据时代下企业财务风险预警机制与路径的有效策略显得尤为必要，并具有一定的研究意义和实施价值。本节通过说明企业财务风险预警机制的构建情况，提出了基于大数据时代下企业财务风险预警机制的实施路径：注重科学分析行业风险测度情况、加大对供应链传导影响的分析力度、确保企业内部动态重点分析的科学性与合理性、做好行业关联影响情况的合理分析工作。希望此次研究与分析的内容和结果，能够得到有关企业财务风险管控工作人员的关注与重视，并且从中获取相应的启发和帮助，以便增强企业财务风险预警与控制的实际成效，进而降低我国企业财务管理过程中可能遇到的风险，促使企业获得更为长远的生存与发展。

第五节　财务大数据与集团企业资金风险管理

随着互联网及云计算技术的发展，集团企业的决策不再需要具体了解内部复杂的算法，只需要选择合适的方法来处理数据、利用数据就可以。由于数据来源具有一定的广度和深度，使得决策更加快速而精准，很多集团企业为了降低财务风险、实现资金信息共享、提高资金使用效率，便开始积极地探索应用财务大数据。本节就财务大数据在集团企业资金风险管理中的应用做具体的研究与分析，提出一些增强应用效果的建议。

随着全球经济一体化的不断发展,大数据的重要性不断凸显,集团企业想要获得更好的发展,就需要在经营管理的过程中加强对大数据的应用,尤其是资金风险管理方面。

一、财务大数据在集团企业资金风险管理应用中存在的问题

(一)财务大数据应用范围狭窄,应对深度不够

集团企业资金风险管理需要综合考虑各方面因素,因此对财务大数据的全面性有非常高的要求。在实际应用过程中,财务大数据的广泛性不足,体现在数据仅涉及财务方面的信息,经营的其他信息没有过多涉及;或是仅涉及某一时期历史数据,不能提供更长时期或者趋势的数据信息。对于经营环境瞬息万变的集团企业而言,财务大数据的广泛性不能与财务大数据的应用性相匹配。另外,集团企业财务大数据涉及的信息深度不够,无法有效、准确地反映集团企业的经营情况。如财务大数据信息中仅包括收入、利润指标,对于应收账款的坏账率、应收账款回款天数等都没有详细信息,这使得集团企业管理者在利用财务大数据分析的过程中,能够用于资金风险管理的信息相对较少,影响决策的准确性,影响集团企业资金风险管理水平的进一步提升。

(二)缺乏完善的大数据管理体系,人员综合素质有待提升

集团企业由于分支机构多、管理模式不统一、信息不对称,集团、子公司、银行之间资金往来交错,造成集团企业无法对子公司的每笔资金进行监控,无法准确预测资金需求,无法统一实行资金调配,以此带来资金管理工作重复、资金安全漏洞百出、财务费用高等问题。

在传统集团企业里,资金管理往往是财务部门或资金管理部门的事情。财务工作按照业务分为核算、统计、分析等部分,随着财务大数据的到来,核算、统计的部分工作可以格式化,人员被替代,工作的核心转移至数据收集与处理。财务人员对经营要有一定的理解和把握,其包括销售、生产、预算、战略、考核等,因此对财务人员的素质要求明显提升。

二、加强财务大数据在集团企业资金风险管理中的应用

（一）提升财务大数据的应用广度与深度

集团企业财务大数据应扩大数据的涵盖范围，不仅包括财务已有的各项指标，还应深挖财务数据资源、拓展业务资源等，实现财务业务一体化。例如资金需求考虑的应付账款，不仅应包括应付账款账面余额，还应登记供应商实时入库数量、开票金额、信用额度、赊销天数、议价能力、产品等级等。集团、子公司、分公司各不同主体的业务数据、资金调拨数据、结余资金数据等储存于云计算平台，实时归集和整理，便于集团企业统筹安排资金，提高资金使用效率。财务管理的触角延伸至集团企业的经营环节、产业链，充分获取集团企业决策需要的数据信息，避免财务核算不及时的问题；避免财务报告分类标准不同、整合难度大、数据沉底问题。

（二）完善财务大数据管理体系

首先，建立财务共享信息平台。程平等（2015）设计了大数据时代基于云会计的资金管理框架模型，包括基础设施层、硬件虚拟化层、数据层、平台层和软件层。其中数据层用于存储与集团、子公司、分公司资金管理相关的行业数据、业务数据、现金流数据、资金分析数据、银企互联数据等；软件层负责资金收付管理、资金调拨、资金分析等相关业务处理。该信息平台不仅可以实时反映、存储和分析数据，还可以简化集团企业银行账户体系，减少收付环节，提高集团资金管控能力，集团企业的决策层可清晰了解集团资金使用情况以及对资金未来需求的预测，提高资金管理决策的准确性和资金使用效率。

其次，在共享信息平台的基础上，建立风险防控体系。如效仿银行应用大数据防控信贷风险策略，引入资金与债权（广义上指集团内部债权和集团对外债权）评级的二维风险评级系统。通过资金交易规律、往来款项风险特点、行业特点等，设置资金风险管理敏感等级；建立风险分析与检测制度，持续实时检测，对于其中财务状况突然恶化的债权应当及时提供风险预警。

再次，建立财务大数据应用制度和集团资金集中管理配套制度。由于财务共享信息平台发布了关于集团企业的全方位信息，对信息的更新、采集、加工、分析等须实行监督管理，对相关人员实行授权，以保证财务大数据的安全性和准确性。为实现集团企业资金集中管理，集团企业通常采用内部设立独立的资金中心，或者依靠银行、财务公司的方式，为保证集团、子公司、分公司均按照统一的资金运作规

程来操作，集团企业须制定统一的资金集中管理制度，确保资金集中管理的安全性和有效性。

最后，培养复合型财务人员。会计四大要素是确认、计量、记录和报告，以数据形式如实反映企业的经营活动，可靠记录并报告企业经济活动的历史，随着大数据及云计算技术的发展，对财务人员的素质要求明显提升。在数据积累的基础上，财务人员按照内部管理需求和财务分析需求，深入挖掘财务数据和业务数据的内在资源，培养系统性和管理性思维，对海量数据进行高效整理、加工和提炼，为集团企业经营管理决策提供信息支持。

财务大数据和云计算技术为集团企业实行高效、安全、科学的资金管理提供了技术支持。本节针对财务大数据在集团企业资金风险管理应用中存在的问题，详细阐述了提升财务大数据的应用广度和深度，通过建立财务共享信息平台、建立风险防控体系以及完善集团资金集中管理配套制度等来完善财务大数据管理体系。本节还提出了财务人员培养的系统性和管理型思维，从会计核算向数据分析转变。期望本节的研究能为集团企业进行资金集中管理提供新的思路。

第六节　国有企业运用大数据手段管理财务风险

国有企业通过分析财务风险管理工作中存在的问题，结合工作实践，针对性地提出运用大数据手段结合人工管理的思路，探索建立大数据财务风险防控系统和"线上扫描发现风险，线下核查整改风险"的长效财务风险管理机制，并对解决目前国有企业财务风险管理中的问题提出建议。

一、国有企业财务风险管理工作中存在的问题

（一）内外部环境变化对国有企业风险管理工作提出更高要求

党和国家高度重视重大风险防控工作，与此同时，随着内外部环境的变化，对国有企业的风险管理工作提出了新的、更高的要求。一是经济进入下行通道后，以前所长期积累的风险隐患逐步暴露出来，使企业面临更复杂、严峻的风险管理局面；二是科学技术的快速发展使得各行业的新业务、新商业模式不断出现，对企业风险管理的前瞻性、灵活性提出了更高的要求。

（二）当前国有企业财务风险管理工作面临的问题

1.海量数据工作人员工无法全面监控。传统上集中开展财务监督检查的风险管理模式，需投入大量人力和时间，并且由于财务风险涉及企业经营的方方面面，点多面广，情况复杂，经常会出现人工无法全面管控的情况。2.风险问题的发现滞后。财务报告分析滞后，无法对财务风险进行实时监控。企业只有在出账后才能通过对报表的分析、发现识别风险，这种情况下，在风险被发现时，损失往往已经发生，无法在造成损失及影响之前防患于未然。3.风险被动整改。随着巡视、审计等工作力度的加大，企业接受外部监督检查成为常态。在巡视、审计等工作中，经常出现检查组已经发现的问题，国有企业总部却毫不知晓，在检查组已经形成正式报告后，总部再了解情况、制定整改举措的被动情况。企业无法提前对风险情况进行预判，将问题抓早抓小。4.风险管理不闭环。传统风险管理模式下，整改活动在线下进行，人工整改处理风险事项需要多次反复线下沟通，且无法形成完整的系统处理流程，不利于对整改结果进行审核和归档，无法形成系统的风险档案，不利于风险数据再挖掘、再利用。

二、运用大数据手段进行财务风险扫描实施条件分析

各大型国有企业近年来在国资委的统一安排下都在紧锣密鼓地实施财务集中、业财数据融合，这为运用大数据手段进行财务风险分析提供了有利条件。以某国有通信运营商企业为例，自2008年起就开始实施会计核算集中，历经10年实现省级公司会计核算集中（设立省级财务共享中心，简称省级SSC）管理和部分地区跨省会计核算区域集中（设立区域财务共享中心，简称区域SSC）。省级SSC和区域SSC成立以来，通过统一会计制度，统一核算标准，统一流程规范，极大地提升了核算效率和质量。基础数据的标准化、规范化为运用大数据手段进行财务风险分析提供了有利的数据条件。自2012年起，该通信运营商企业开始实施集中MSS（管理支撑信息系统）建设，历经6年实现合并报表单位全部纳入集中MSS统一管理。SAP系统、资金管控系统、财辅报账系统、全面预算系统、影像管理系统、税务管理系统、会计档案、银企直联、计划建设系统、供应链管理系统、法律合同系统等均在集团MSS集中建设落地，实现了业财数据的融合。财务、业务相关数据和辅助流程数据均可以按照统一规则进行抓取，为数据提取、挖掘分析和风险问题预警提供了有利的系统条件。

三、大数据财务风险防控系统建设探索

基于以上情况，该国有通信运营商企业积极筹划、精心部署，统筹实施构建了集中化的"大数据财务风险防控系统"，旨在通过信息化手段帮助各级单位主动、常态化开展财务风险自查自纠工作，实现集团全级次、全流程风险预警防控，加强"以事先防范和过程控制为主，事后补救为辅"的风险管理模式，将财务风险降到最低。大数据财务风险防控系统通过引入大数据技术，结合当前先进的财务风险管理理论、方法、手段，对企业资金、资产、税务、预算、收入、成本、工程建设、采购、合同、发票、供应商等诸多财务、业务结果数据和流程数据，进行交叉扫描和智能化多维度分析，智慧识别存在的财务风险问题，精准定位到责任单位，并建立风险整改监督机制，实现财务风险闭环管理。大数据财务风险防控系统的建设和推广实现了风险管理与日常经营工作的结合，提高了风险管理对业务发展的前瞻性指导，是对风险管理工作的有效实践和创新。其主要做法如下：

（一）深挖财务风险特征，梳理规则模型，建立风险指标库

集团公司组建由总部、省、地市和专业公司财务专业骨干组成的项目团队，聚焦近几年财务风险高发领域、高发事项和高发环节，根据长期积累的风险控制实践经验，对风险事项、特征和成因进行全面梳理。结合实际数据验证，形成风险预警规则和分析模型，梳理了舞弊风险、经营损失风险和信息质量风险三大类，**覆盖财务六大专业，共计近两百个风险指标，形成了初具规模的财务风险指标库。**

（二）合理确定风险扫描逻辑

该通信运营商企业根据业务场景提炼风险特征，生成告警规则引擎，以区县公司为颗粒度，利用大数据手段对多个数据库开展多维交叉分析，按照预警规则挖掘扫描风险事项，通过机器自动分析识别、揭示风险问题。系统通过充实和融合各渠道基础信息（如业务数据、税务信息、合同信息、银行流水、发票信息、供应商信息等），利用数据关联，聚焦易发多发、性质严重的风险事项，分析其特点、交易特征及周期波动等，形成风险报表。目前梳理出的风险指标特征明显、预警规则清晰、业务重复性强、数据量大，对风险定义清晰、例外情况较少情况下的重复性经营管理过程的风险管理发挥了重要作用。

（三）运用大数据技术扫描监控海量数据

该通信运营商企业财务集中后，相关数据统一汇聚在集团，数据体量大、关联

复杂,各专业相关成果及流程数据均在 PB 级别以上,核心数据库记录数均在亿级以上,且日增量百万条。考虑到海量数据的处理性能和稳定性,系统基于大数据平台,在数据的处理上采用分层、聚类、拆分等策略。其具体流程是:在凌晨业务量很小的时间段进行数据采集汇聚,采集的原始数据放入采集层,对无效、缺失、信息不完整的数据清洗加工后放入整合层;之后基于整合层,按照专业分类拆分、关联数据聚合,建立成本性报账、资本性报账、预算占用、资产卡片、采购订单、工程合同、房屋土地等宽表模型,以及对应的清单级明细数据。不同分类、不同粒度的数据都整理加工后,系统运用大数据技术及组件进行分布式实时、离线计算,在数据挖掘分析上融入了机器学习算法和数据训练等智能手段,生成具备较高价值的风险结果数据;在作业调度上采用"Hive+python"方式实现任务的分发、跟踪、执行等工作,使用 swoop 组件完成数据的导出,提供给应用系统展现,用于制定决策或价值展示。

(四) 引入风险定律和智能算法,全面深入筛查风险

系统不局限于通过大数据技术手段和业务全流程控制,还引入了较多当前常用的风险管理理论、数学定律和机器算法,例如"本福特定律""舞弊三角论"、行业标杆对照、历史数据分析、机器模拟数据等,旨在通过更多的维度和更智能的技术深度挖掘风险问题。例如,对于"小金库"风险,在报账、付款、结算等诸多环节涉及具体金额,大量的金额聚集在 [990,1010][1990,2010] 等区间;又如,故意逃避内控审批的事项,大量的金额聚集 [4500—5000][9500—10000] 等区间。这两类风险指标比较适合使用"本福特定律"进行组合筛查,可以经过多轮比对,锁定高风险区域,最终抓取出问题清单。

(五) 实现问题追踪处理,建立闭环管理机制

风险问题被扫描发现后,大数据财务风险防控系统形成预警清单,并将其通过派单系统在第一时间自动推送至责任人处待办,提醒责任人及时查看、跟踪,采取措施评估改进。在风险预警事项处理上,创建了各级公司普通用户核查情况、整改反馈,再由市、省、集团逐级审批的流程。普通用户主要由各单位财务人员、风险管理人员构成,由他们对分派的风险问题进行核查,说明形成原因,进行整改或制订整改计划,并可通过上传相关凭证资料,对风险预警事项进行充分说明;之后系统根据风险问题所属单位自动推送给市级公司财务部门经理、副经理,省级公司预算、核算、资产、资金、税务、效能主管、集团主管等相应环节审批人,审批人员逐级审批,根据整改情况确定是否解除风险预警,从而形成"风险问题发现—问题

核查整改—风险预警解除"的闭环管理流程。同时系统提供领导视窗、业务视窗等多种角度及多种维度的分析结果展现，用户登录系统后，使用非常便捷，可以很清晰地明确自己的职责，层次感强。

（六）数据开放共享，注智生产应用

系统对风险预警数据进行整合、打标签分类，形成风险预警模型库，并开发了API接口服务，发布共享，以订阅的形式供其他生产系统调用。MSS（管理支撑信息系统）的应用系统可以很便捷地获取相关环节的风险预警信息；BSS（业务支撑系统）、OSS（运营支撑系统）如果需要获取财务预警信息，生成报告、风险画像等，也可以非常灵活地接入获取。基于这种服务端向客户端发散的开放共享模式，可以打通系统之间的障碍，达到减少系统重复、注智生产应用的效果。

（七）创建线上线下结合的风险管理机制

该项目为非替代性项目，不会像其他机器人项目一样直接替代人工操作，而是通过线上扫描发现风险，线下核实整改风险的模式进行运营，从集团到省级、市级以及区县四级公司，创建了线上线下相结合的风险管理机制。通过循环往复的线上发现、线下核实的规定动作，持续调优财务风险指标库；通过对风险指标库的持续优化扩充，常态化地开展风险预警、整改，不断增强、增厚财务"防火墙"。

四、大数据财务风险防控系统运营实践效果初显

该通信运营商企业于2018年底建成大数据财务风险防控系统，并上线试运行，对其总部、省分公司及所辖市、区县公司、部分专业公司，展开风险扫描分析，帮助各级单位开展常态化自查自纠、针对性整改提升。至2019年二季度末，系统累计亮灯预警十余万次，派发重点问题清单三万余条，各级单位合计五千余人积极使用，反馈良好。大数据财务风险防控系统已成为该企业风险集约管控工作应用落地的重要基础和各级单位将风险管理与日常经营工作相结合的有效抓手，成为防控重大财务风险、强化各级财务人员风险防范意识、落实风险管理责任的重要手段。运营实践效果具体有：

提质增效，节约人力物力。以前每次财务检查、内控检查，各省级公司都要投入数十人、几个月的时间，而且人工检查容易出纰漏，检查质量无法保证。使用系统后，各级公司只需3~6名财务人员投入5个工作日即可，需要检查的风险事项都可以按需检索、导出、核对，大大节省了人力物力，并保证了很高的检查质量。

大数据手段、人工智能,挖掘潜在风险问题。经营管理中,有些风险问题潜藏隐蔽,短时间内不会暴露,通过财务分析很难发现。通过大数据技术结合人工智能算法、风险管理理论综合分析后,可以预测发展趋势和发生概率,使得财务人员掌握具有参考价值的动态数据,便于各级人员尽早防范,避免风险发生。

流程管控、注智业务,推进财务智慧运营。系统改变以往"线下检查,线下反馈"的监督检查方式,将风险的闭环管理流程固化到系统中,进行流程可视化管控,既减轻了财务人员的工作量,又明确了责任。同时,还提供了数据增值服务,将风险预警信息与生产业务系统打通,在事前帮助处理人进行决策分析,助力企业智慧运营,推动财务管理工作转型升级。

强化风险意识,落实风险管理责任。通过大数据技术扫描排查,对存在风险的事项亮灯预警,为各级公司提供了风险管理的有效抓手、监督利器。更重要的是通过平台,让各级单位、各级财务人员感受到了集团对风险防控工作的重视程度和执行力度,强化了风险防控意识、底线意识和责任担当,让风险管理和防范深入人心,融入各级财务人员的日常管理和流程操作中,从源头上规避风险问题的发生。

功能逐步延伸,支撑企业高质量发展。大数据财务风险防控系统集中建设、全面推广应用后,取得了良好的使用效果。后期将扩充更多的风险指标,聚集更多的业务、财务、税务相关数据,进一步打通与其他关联系统的交互,优化数据标准规范、数据交换方式、交互消息提醒、应答标准,扩展延伸信息范围。

第五章　大数据背景下财务管理的实践应用研究

第一节　财务大数据在企业战略管理中的应用

随着大数据技术的快速发展，财务大数据已经成为财务管理工作的重要支撑，发挥着越来越重要的作用，特别是对企业战略管理方面的价值更高，因而有必要对此进行深入地研究。本节主要研究财务大数据在企业战略管理中的应用问题，不仅分析财务大数据在企业战略管理中的应用价值，也分析企业战略管理视域下财务大数据存在的问题，并提出一些有针对性的应用策略。

在我国科技信息化快速发展的大背景下，伴随着"互联网+"战略的深入实施，大数据技术已经广泛应用于企业管理当中，特别对于财务管理工作来说，将大数据技术与财务管理进行有机融合，对财务管理工作朝着前瞻性、战略性、保障性的方向发展具有十分重要的价值，因而应当重视财务大数据对企业战略管理的积极作用。当前的一些企业，尽管在财务大数据建设方面取得了较好的成效，而且形成了比较完善的数据支撑体系，但很多企业还没有将财务大数据与企业战略管理进行深度融合。财务大数据的应用还具有一定的局限性，在服务和促进企业战略管理方面仍然比较薄弱，需要引起企业的高度重视。企业既要深刻认识到财务大数据对自身战略管理的重要价值，也要坚持问题导向，着眼于解决财务大数据存在的问题，制定有针对性的实施策略，进而更有效地服务企业战略管理。

一、财务大数据在企业战略管理中的应用价值

大数据具有很强的数据资源收集、整合与分析能力，已经在企业的众多领域得到了有效的应用，由于财务管理工作涉及的数据更多，因而财务大数据也得到了较

好的发展，特别是在促进企业运营管理方面已具有举足轻重的作用。一方面，将财务大数据与企业战略管理进行有效融合，有利于为企业战略管理提供强有力的财务报告。在运营与发展的过程中，财务工作具有很强的融合性和渗透性。企业只有高度重视财务管理工作，才能使企业战略管理发挥重要的基础作用。企业通过应用财务大数据，可以使其战略管理具有十分重要的基础性和前瞻性。比如，企业在实施战略管理的过程中，通过对财务大数据科学和系统地应用，能够找出企业可能面临的财务风险、财务困境及财务需求，进而在实施战略管理的过程中不断进行优化和完善，使财务报告更具有前瞻性和战略性，为财务战略的深入实施创造有利条件并奠定坚实基础。另一方面，财务大数据与企业战略管理进行有效融合，还有利于进一步强化企业战略管理的综合性和系统性。企业战略管理涉及方方面面，但无不与财务工作密切相连。企业通过应用财务大数据，可以为企业战略管理创造更为有利的条件。比如，企业通过建立大数据平台和相关系统，除了对财务数据进行收集和分析之外，还能够对与之相关的各类数据和信息进行收集和分析，进而使财务大数据体系更加完善、应用范围更具有拓展性，这将进一步完善企业战略管理的系统性和全面性。

二、企业战略管理视域下财务大数据应用存在的问题

（一）财务大数据重视程度较低

当前一些企业在应用财务大数据方面，普遍存在重视程度不够的问题，特别是在应用财务大数据的过程中，由于没有将其纳入企业战略管理体系当中，因而缺乏对财务大数据的有效重视。比如，一些企业普遍重视产品以及营销活动，而且将其作为企业战略管理的重要方面，却忽视了财务大数据的实质性作用。企业还没有深刻认识到，实施战略管理的过程中，财务大数据分析结果具有决定性的作用，可以使企业的战略管理目标和方向更加清晰。很多企业却没有在这方面下功夫，而且在财务大数据的相关投入方面也不够到位，甚至很多企业认为财务大数据就是财务数据，没有将大数据技术的收集、整合、分析等诸多功能应用于财务管理工作当中。

（二）财务大数据实施缺乏广度

企业要想使财务大数据更好地服务于战略管理，至关重要的就是要进一步扩大财务大数据实施的广度，只有这样，才能使企业发展更具有战略性和长期性。目前很多企业并没有认识到这一点，在应用财务大数据的过程中，财务信息、财务数据

及财务资源的广度不够，普遍都仅仅涉及财务方面的信息，而对企业经营管理过程中的其他各类信息很少涉及，这就直接导致财务大数据在服务企业战略管理过程中具有一定的单一性和狭隘性。还有一些企业尽管财务大数据也涉及企业的其他相关信息，但在应用的过程中缺乏有效的融合，导致各类信息和数据具有一定的割裂性，不能融合起来进行更加深入地分析、研究和论证，因而也不可能更好地服务于企业战略管理。

（三）财务大数据体系有待完善

从当前很多企业实施战略管理的情况来看，企业财务大数据虽然已经得到了较多的应用，但并没有建立比较完善的财务大数据应用体系，这必然会制约财务大数据服务企业战略管理的有效性。比如，一些企业不重视财务大数据应用方面的制度建设，导致财务大数据应用过程中缺乏有效性；还有一些企业尽管也制定了一些制度，但制度的战略性、持续性以及前瞻性不强，无法为企业战略管理提供有效的服务等等；还有一些企业在开展财务管理工作的过程中，不重视财务大数据的系统性应用，特别是没有将财务信息以及企业其他方方面面的信息进行有效的结合，"整合分析"能力不强，不能为企业战略管理提供较强大的决策辅助。

（四）财务大数据运行缺乏创新

财务大数据具有很强的系统性，特别是在通过运用大数据技术以后，可以使财务管理工作更具有战略性意义，因而必须创新其运行机制。目前一些企业在这方面还比较薄弱，比如，很多企业尽管已经认识到财务大数据在服务企业战略管理中的积极作用，但在具体的实施过程中，并没有建立比较完善的财务大数据管理与应用平台，尽管一些企业已经应用了ERP系统，但大数据模块还没有建立；还有一些企业不重视财务大数据的融合性和渗透性，财务在运行财务大数据的过程中，还没有进行科学设计和分析，凭个人经验进行数据分析的问题还比较突出，这会导致财务大数据缺乏有效性和准确性，进而在提供财务战略辅助决策方面出现重大失误。

三、企业战略管理视域下财务大数据应用的优化策略

（一）提升财务大数据重视程度

企业要想使财务大数据更有效地服务于企业的战略管理，必须高度重视财务大数据建设，特别是要从企业的实际情况入手，进一步健全和完善财务大数据工作模式，抓好财务大数据的系统性建设。这就需要企业将财务大数据建设纳入企业整体

发展战略当中。企业除了要重视产品以及营销活动之外，还要大力推动财务大数据的综合性、完整性以及系统性建设。企业要着眼于为企业战略管理提供强有力的服务，进一步加大财务大数据的投入力度，既要建立相应的财务大数据平台，也要配备专业化的财务大数据管理人员，进而使财务大数据能够发挥更加积极的作用。想提高财务大数据重视程度，企业就要切实发挥财务大数据的收集、整合、分析等诸多功能，并与财务管理进行深度融合。

（二）强化财务大数据实施广度

财务大数据具有很强的综合性功能。服务企业在战略管理的过程中，一定要不断强化财务大数据实施广度，使其能够发挥更加多元化的作用。在具体的实施过程中，企业要对财务信息、财务数据、财务资源等进行有效的整合，在此基础上要深刻认识到财务大数据不仅涉及财务信息，而且涉及企业其他方方面面的信息。企业应当在收集其他信息方面进行系统的设计，比如通过构建更加多元化的财务大数据系统，使企业的各类数据能够通过财务数据的形式进行分析，为企业战略管理提供参谋助手作用。企业更应高度重视各类数据资源的综合性应用，特别是要对各类数据进行综合分析、研究和论证，进而能够为企业管理战略的实施提供更加强大的数据支撑。

（三）完善财务大数据管理体系

在开展企业战略管理方面，财务大数据的应用价值十分显著。企业一定要不断完善财务大数据管理体系，使财务大数据在应用的过程中更加科学化和规范化。企业要着眼于提升财务大数据应用的规范化水平，切实加强财务大数据应用制度的建设，既要制定相关应用制度，也要从促进财务大数据应用的战略性、持续性、前瞻性入手，大力加强财务大数据应用制度的执行力建设，同时还要不断强化方方面面的服务意识和战略意识，进而持续加强财务大数据的应用。企业要高度重视对战略管理的针对性，特别是要着眼于更好地推动企业战略管理的深入实施，重点要在"整合分析"方面下功夫，强化财务信息以及企业其他各类信息的有效结合，努力为企业战略管理提供决策辅助。

（四）创新财务大数据运行模式

企业若想将财务大数据应用于战略管理当中，就要不断创新财务大数据运行模式，重中之重就是要根据财务大数据运行特点入手，除了要运用大数据技术之外，还要将会计电算化系统、云会计平台、ERP系统等诸多系统进行有效对接，进而使财务大数据在服务企业战略管理方面更具强大功能。财务大数据运行模式的创新，还要将"互联网+"与企业战略管理进行有效结合，大力推进"互联网+企业战略管理模式"的开展，并不断强化财务大数据的开放性。企业既要对内部数据进行分析和整理，而且也要对与企业战略管理相关的外部数据进行分析和整理，避免管理人员出现凭主观经验分析的问题，这样可以使财务大数据更具有精准性。

综上所述，在现代市场经济竞争越来越激烈的新形势下，企业要想实现可持续发展，至关重要的就是要深入实施战略管理，努力提升企业的整体管理能力和管理水平，进而为企业战略发展提供保障。企业需要深刻认识到财务大数据对企业战略管理的基础性和支撑性作用，着眼于推动财务大数据在企业战略管理中的科学、系统、高效应用。企业应采取更加有效的措施，运用更具创新的手段，积极探索财务大数据有效应用的方式方法和战略策略。重中之重的工作就是要在提升财务大数据重视程度、强化财务大数据实施广度、完善财务大数据管理体系、创新财务大数据运行模式等诸多方面取得突破，努力推动财务大数据科学和健康发展，为企业战略管理创造更为有利的条件。

第二节　大数据在保险行业财务管理中的应用

随着全球科技创新和技术进步进程的不断推进，世界各国之间的联系越来越紧密。大数据、AI、云计算等名词对人们来说已经不再陌生，信息时代已经来临。在信息化的时代背景下传统行业受到了一定的冲击，财务管理也在互联网的浪潮中挣扎求生。保险企业只有顺势而为，结合新经济特点不断改进管理模式和程序才能重获生机，才能更好地为保险行业的良好有序运行而服务。

分析数据是一项烦琐而又复杂的工作。保险企业每天发生的交易众多，如何在纷繁复杂的交易信息中找到关键点是至关重要的。大数据就是在这种知识爆炸的背景下崭露头角的，它为人们提供了提取信息的利器。所谓的大数据技术，就是能够在浩瀚的数据之中，通过一定的信息技术和手段，迅速而有效地获取企业所需要的信息流，帮助企业快速进行市场判断和预测。

传统的保险行业财务管理人员在进行财务管理工作时，由于时间和精力有限，往往不能很好地在信息洪流中提取关键数据，这就会导致企业所获得的财务信息通常都是片面的、非重点的。这些数据不足以作为坚实的基础供企业决策。互联网的高速发展使得信息时代离我们越来越近。在大数据技术的支撑之下，传统的财务管理拥有了新的数据处理技术和方法，能够更好地将财务管理工作与企业的战略相结合，提高组织运作效率。

一、大数据背景下保险行业财务管理的变化

（一）外部环境变化

大数据所带来的变化是翻天覆地的。日常的衣食住行、工作中的方方面面都在不同程度上显示出区别以往的新特点。比如，消费者已经惯了网上购物。网上甚至还出现了专门的购物狂欢节，"双十一"所创下的一个又一个销售记录为世界瞩目；求职者也不再局限于朝九晚五，每天打卡上下班的传统工作方式了，在家办公、以网络为媒介发展自己事业的大有人在。正所谓时势造英雄，成功的企业必定是顺势而为、顺水推舟的企业。保险行业要想更好地发展下去，就要依托于人们消费、工作中出现的新特点，在充分考虑外部环境的基础之上，充分利用大数据背景下所提供的新技术、新方法，适当地调整自身的经营管理方式。

（二）工作理念、方式的变化

大数据背景下，各部门各行业的信息交叉存在，错综复杂。跨学科学习成为高校、研究机构、各事业单位探讨的重点。保险行业的财务管理工作者必须要适应这一氛围，改变自己原有的工作理念，在关注财务信息和数据的同时将其他部门的重要信息也统筹进来，综合考虑。

观念变了，技术变了，传统的保险行业财务工作处理模式自然也会随之而变。计算机系统和各式各样的专业软件会处理枯燥无味、烦琐但是简单的工作，这使得财务管理人员从日常的管理事物中抽身而出，集中精力研究关系到组织运行的关键数据和事务。通过大数据技术，保险行业的财务管理人员可以将新险种出台、保险销售、保险理赔等各个环节结合起来，对其数据进行分析处理，将结果反馈给相应的管理部门，以便根据消费者的需求开展业务。

（三）数据信息变化

财务管理的对象主要是财务方面的数据和信息。不同的时代有不同的热点问题，企业获得的数据和信息自然也就日新月异。在大数据背景下，所有的信息融汇在一起，真真假假、虚虚实实，这就使得财务管理的对象进一步扩大化，所涵盖的容量和范围都有了新的提升和突破。为了使财务管理能够提供企业家做出决策、规划未

来所需的信息和数据，财务管理系统必须要拥抱互联网，建立起适合保险行业特点的数据分析处理平台。

二、大数据下保险行业财务管理的机遇

（一）优化人力资源配置，提高效率

大数据技术是一种利用计算机系统进行数据收集、处理、分析的技术手段，其主要的平台和实施手段是设备而不是传统的专业财务管理人员。这就使得保险行业的财务人员能够从烦琐的日常工作中解放出来，能够集中精力关注更宏大和关键的财务管理问题。保险行业的人力资源自然就得到了更为有效的配置，提高了财务部门的办事效率。

（二）保证财务决策的正确性

保险行业的财务管理工作是管理工作的核心和关键。其正确度和科学性在很大程度上直接关系到一个保险企业的成败。如果保险行业能够借助大数据技术，将所收集到的社会信息和人们的需求、收入融汇在一起，对未来的市场需求状况和走势进行分析和预测，在此基础上做出公司的财务决策，那么其正确性就有了强有力的技术支撑，实现公司既定目标的可能性就大。

（三）加强财务监管

借助大数据技术，保险行业的财务活动和现金流向清晰明了。因其每个环节和过程在数据处理平台都有所体现，财务人员和相应的监督机构可以随时登录这个平台查看财务计划的执行情况、现金的流向等信息，这就使得财务管理工作大大透明化，在一定程度上减少了暗箱操作和贪污腐败、挪用公款的现象，整个保险行业的财务监管工作也就更加有效。

三、大数据下保险行业财务管理的挑战

（一）专业人才缺乏

人才越来越成为各企业竞争的关键元素。在大数据背景下的财务管理人员不仅需要掌握扎实的财务管理知识，还必须具备计算机、网络操作的技术，在某些情况下，统计学的相关知识也是必须要具备的。大多数企业已经意识到人才的重要性，纷纷开始进行专门的大数据技术运用、财务管理、统计分析人才的开发、储备。

利用大数据技术进行财务管理的工作对专业的知识素养要求较高。培养专业技能过硬的人才所需时间较长，大型的保险公司可通过优越的报酬、良好的福利待遇吸引人才。而这对于大多数的小型保险公司来说很难做到。

人才培养不足和留住人才方面的欠缺，这两个难题使许多保险公司极度缺乏优秀的新时代财务管理人员。

（二）知识网络不健全

知识网络是指各企业之间所建立的信息共享、交流渠道。没有哪一个企业能够拥有市场上的全部信息，在这种情况下就需要企业之间建立起强联系和弱联系，通过这些强弱联系传递信息进行合作。就保险行业来说，各大保险公司还没有建立起互惠互利的知识网络，知识之间的共享度差。在这种情况下，企业内部的财务管理工作就会呈现出一种低效率的状态，不利于企业的长远发展。

四、大数据在保险行业财务管理中的应用

（一）利用大数据适应外部战略环境

保险行业要想生存和发展下去就必须要顺应市场经济环境的发展规律和特点，顺势而为以减少不必要的麻烦阻碍。与企业发展规划和目标时刻相符的外部环境是不存在的，这就要求保险行业能够通过一定的手段和措施对所处的行业环境进行时刻监控和预测，以便能够在自身优势的基础上制定应对挑战的发展战略。

在大数据兴起之前，保险行业与其他行业一样，要么是通过财务人员整理出来的财务数据和信息进行战略的制定，要么就是借助网络和媒体的市场信息来调整自身的发展战略。大数据使得财务人员对外部环境的把控更加便捷和准确，更能够清晰地了解外部战略环境的新特点、新机遇、新挑战，从而能够比较容易地融入外部环境，就势发展。

（二）利用大数据提升预估风险的能力

投资者进行投资的主要目的就是使自己投入的资金能够得到最大化的收益。保险行业，尤其是商业保险，也是逐利的。为了保证投资可以获得预期的回报，就要适时地对保险的经营状况进行分析，在价值分析的过程中，风险评估是必须要进行的。

大数据不仅可以将保险行业在生产经营过程中所产生的各种信息流融汇起来，也能够将影响企业财务管理的特殊信息进行全面地汇总和分析，找出保险行业经营发展过程中的风险点，并制定相应的解决方案和措施，及时对潜在风险进行把控，

以防后期带来的不良影响。

（三）利用大数据提高财务人员素质

保险行业要想更好地利用大数据技术，就必须加大对财务人员培训的投入，建立与时俱进的适合公司发展需要的培训体系，包括选择高素质的培训师，根据员工的自身素质与企业发展战略制定培训政策，拟订具体的具有可操作性的培训方案，选择多元化的培训模式，建立培训反馈机制等。

保险行业在培训体系改革上，还应注意与国际接轨的问题。当今的经济是全球化的经济，保险要想在激烈的竞争中占有一席之，就必然要加入全球化的潮流中去，引进国际标准的培训模式，选用国际通用的培训教材。

（四）利用大数据进行科学预算

进行科学的预算是保险行业必须掌握和进行的一项技术和工作。保险行业的预算不外乎就是根据行业过去的经验和历史数据为依据，对外来的发展方向和走势进行预测。合理科学的预算能够为保险行业未来的发展制定一套科学的管理模式，能够使得人、财、物、信息等资源得到最大化的利用。

由于财务管理人员精力以及获取渠道的局限性，预算所获得的信息以往大多集中于企业内部的碎片化数据和记录中，很难形成一个连续的、全面的、简单明了的信息流，更不要说与行业领先企业进行对比，找出自身的不足了。而大数据将企业内外部的信息进行归总、分类、处理、分析，为科学的预算提供了坚实的基础。

（五）利用大数据进行绩效考核

薪酬激励是最常用的激励手段。在新时代背景下，绩效考核呈现出了新的特点和方式。要想使大数据技术在保险行业得到贯彻实施，就必须建立全面的薪酬体系，对员工进行全面考核，这样能让员工对工作与自身价值有深刻的理解，鼓舞员工努力提高自身素养，实现保险行业目标。保险行业的传统的考核指标先天不足，因此要以大数据平台为基础，将财务指标与非财务指标纳入绩效考核体系，一切让数据来说话。

大数据技术的应用是当今时代的必然选择。保险行业的财务管理与大数据相结合必然会提高其财务管理工作的质量和效率，规避不必要的风险。虽然在拥抱大数据的道路上会遇到一些障碍和挑战，但保险行业应该是迎头而上找到解决的办法。

第三节 大数据和云计算技术在财务管理中的应用

大数据与云计算的出现，对财务管理工作提出了更高的要求，也是对财务工作人员的严峻考验。根据本单位的实际情况，分析财务管理工作中存在的问题，探究如何把大数据和云计算技术运用于财务管理工作的实践中去，是本节讨论的重点。

财务管理工作是单位的重要工作之一，而大数据和云计算的引入，能够解决很多传统财务管理模式中存在的问题，拓展了财务管理工作原有的工作范围，节约了人力、物力，使远程和高负荷数据处理成为一种可能。因此，在大数据和云计算视域下，加强财务管理，促进本单位的和谐健康发展是值得探究的课题。

大数据能够从种类繁多、来源广泛的海量不同数据中提取出最有价值的数据。它具有数据的容量庞大、数据的种类复杂多样、数据的来源可靠性和价值度较低、处理时效紧等特点。财务大数据是指通过一定的技术手段把大数据技术有效运用在财务管理工作上。大数据的运用，能够使财务工作人员在极短的时间内，从结构复杂、种类繁多的财务数据当中提取最有用的财务信息。

一、云计算

云计算是一种以互联网为基础的共享资源使用模式，当用户需要使用计算资源时，只需要向互联网提交计算资源服务的申请，互联网接收到用户的申请后，就能够立刻把用户申请的计算资源服务划分成很多不同的小程序，然后再通过互联网上大量的电脑、服务器资源把各个程序迅速处理，并立即传回给用户。通过这样的方法，用户可以通过申请，在短时间内调用互联网上庞大的服务器、计算机资源，来为自己完成数据服务，相当于用户拥有了世界上运算最快捷、最先进的超级计算机。

云计算具有计算容量大、服务方便、稳定性高、成本低等优点，但存在一定的风险。大数据与云计算是相互关联、互相依存、共同作用的。运用大数据离不开云计算，大数据是云计算的基础。云计算是大数据技术最有效的方法，云计算为大数据提供了基础架构平台。

二、基于大数据的财务决策流程

财务数据管理是财务管理工作的重点，它详细记录着一个单位的各种经济活动和资金运转情况。数据信息是财务决策的基础和保障。运用大数据和云计算，能够及时发现整个运行过程中存在的各种问题和风险，有效提高对数据的处理能力。

基于大数据的财务决策流程如下：建立财务大数据收集系统，把收集到的各种财务数据，通过大数据收集系统完成不同类型财务数据的收集、加工处理和有效提取，确保财务大数据的一致性、准确性、实时性和系统性；对财务大数据进行定量分析，通过财务云计算平台对财务大数据进行实时分析处理；通过数据挖掘功能给出财务数据背后存在的相关问题，根据之前所有的数据的相关性分析，制订切实可行的决策方案。

三、大数据和云计算技术背景下财务管理的创新策略

（一）正确认识，合理运用

单位应自上而下高度重视，正确认识大数据和云计算所带来的价值，明确大数据和云计算的意义和作用，把大数据和云计算在财务管理中的创新运用当作重要工作来抓。本单位应充分发挥财务管理部门和财务人员的积极作用，把大数据和云计算的新理念和高效的财务处理技术相融合，不断提高财务管理人员对财务数据的分析和处理能力，以便更好地应对各种财务风险的挑战。结合本单位的具体情况，创建财务管理信息中心，加强对财务数据的处理、分析和应用，促进本单位的生存和发展。

（二）加强队伍建设

大数据和云计算的引入，不仅需要新的管理模式，更需要财务工作人员能够通过对数据进行分析，根据数据分析的结果，透过现象抓住本质的东西，引领决策者做出正确选择。大数据和云计算需要专业性很强的技术人才，因此，本单位应加强对财务管理人员的培训，多为他们提供外出学习和参观的机会，学习好的创新做法和管理经验，更多地了解其他单位的大数据和云计算的运用情况，不断提升自身的专业水平。在可能的情况下，单位应加大资金投入，聘请对大数据和云计算了解透彻、运用能力强的专业人员来工作，同时指导并定期组织财务管理人员和有这方面诉求的员工学习相关知识，促进整个队伍建设。

（三）建立统一的信息化管理系统

原有的信息系统已满足不了新技术的需求。大数据和云计算的引入，建立统一的信息化管理系统，统一数据格式，加大了信息存储量，对多年累积的内部、外部各种业务、财务等信息进行剖析，提取有价值的数据，促进本单位的财务管理工作。

企业应建设适用于不同行业的可扩展性报告语言，通过规范、适用的会计信息平台，不断提高会计数据的收集、整理、储存和分析，从而提高对数据的利用率。单位应根据具体情况，不断创新，开发研制新软件，和大数据、云计算进行有机结合，加强财务管理工作，促进企业的生存和发展。

与传统的财务管理模式相比，大数据和云计算模式下的财务信息化管理系统，不仅提高了系统的安全可靠性，云财务系统还具有自动化管理能力和可扩展性能，进而实现整个财务系统的自动重复实施和自动化管理操作。

搭建云计算架构，需把整合后的用户系统逐步迁移到云计算构架中，运用云计算构架模式来取代原有的财务应用系统。在云架构模式下，财务软件能够稽查到用户的财务制度是否合理、操作流程是否规范等，如果用户的操作存在安全隐患，可以根据财务制度的要求进行及时修正。本单位还可以依据内部的财务管理制度和管理模式，制定不同的财务人员的合法行为，通过云系统实现对财务人员的合法行为的安全审计。发现违规行为或者违章操作，需在云端设置的第一时间进行预处理的策略。在云系统财务软件建立之后，根据不同的管理和操作人员的各自角色的不同，进行财务软件管理的模板化。

（四）加强风险管理

无论管理者还是财务工作人员，都应不断学习和探究，了解更多有关大数据和云计算的相关知识。并对我国云计算的规模、价格、服务种类及安全水平进行综合考察，了解它的安全性能、稳定情况和技术支持能力等，结合单位的实际情况制订合理的风险管理方案，特别是各种风险的应急措施，以便提高云计算整体的安全性。云计算要求服务商要加强云存储的安全及数据库的管理和数据传输的安全，要设有防止数据外泄的安全防护系统。

随着大数据和云计算逐步走进各行各业，财务管理工作也将迎来全新改变。本单位根据具体情况，通过改变观念、加强队伍建设、建立统一的信息化系统、构建云财务模式等有效方式，加强财务管理。这不仅使财务管理工作更高效、更便捷，而且充分调动了财务管理人员的工作积极性，减少了单位的资金投入，节约了人力资源，提高了工作效率，为更好地适应时代的发展和提高竞争力打下了必备的基础。

第四节　大数据在制造类企业财务管理中的应用

随着信息技术时代的来临,社会各个领域中都有着大数据的应用,这也强化了信息在商业中的重要性。本节以某微电子设备有限公司为例,对公司财务管理工作中大数据应用的发展现状、作用,提出制造类企业创新实践中存在的问题,同时也提出了相应建议,对企业财务管理实践有着建设性意义。

在具体的研究过程中发现,大数据已经渗透到了企业的运行过程中,对企业的业务处理带来了正面影响,提高了企业的信息处理能力。该电子设备有限公司专注于精密技术设备的生产,为客户提供高质量的产品服务,大数据的应用对其而言有着更为重要的意义。

一、大数据在制造类企业财务管理中的发展现状

本节以该微电子设备有限公司为例,介绍大数据在制造类企业财务管理中的发展现状,主要分为两个方面:

财务管理系统。该公司在财务管理系统方面,采用了金蝶财务管理软件系统,系统的管理内容包括总账、报表、现金管理、网上银行及固定资产管理等。在具体的调查过程中发现,企业利用最多的是总账管理。可见,该公司在财务管理系统方面有着良好的发展。

产品管理软件。该公司在产品管理软件方面,包括生产管理软件及外贸管理软件。该公司的生产管理软件负责产品的生产信息参数管理,该公司的外贸管理软件负责国外的产品贸易。两者与财务管理系统相结合,共同提高了该公司的财务信息管理工作水平。

二、大数据在制造类企业财务管理中的作用分析

(一)提高财务数据处理效率

大数据技术的特点就是信息处理速度快,在这样的基础上,企业数据处理系统可以同时处理多个部门的财务信息,实现横向交叉管理的财务管理新型模式,最大限度提高了财务数据处理的工作效率。

（二）改善企业全面预算管理

大数据技术下，企业可以充分预测到行业的发展趋势，进一步确定公司的未来发展方向。在这样的基础上，企业可以根据相关信息，进一步制订预算方案，制定符合公司发展需求的经营目标。

三、大数据在制造类企业财务管理实践中存在的问题

（一）财务大数据管理制度不完善

制造类企业的管理者对于财务大数据管理制度并没有很高的重视程度，导致财务管理部门与公司的其他部门不能形成较为良好的合作关系，尽管技术先进，却不能达到更高的工作效率，严重制约了制造类企业的未来发展。

（二）财务管理模式创新度不足

虽然制造类企业应用了大数据技术，改进了财务管理的软件条件，但是管理者并没有从制度层面进行实践，使得创新仅仅停留在财务信息采集的技术层面，导致公司的财务工作实际发展较为滞后，不利于财务管理的创新实践顺利进行。

（三）缺乏财务风险控制意识

制造类企业进行财务管理工作的员工往往只专注于大数据技术的先进性，却没有意识到信息技术的潜在威胁，忽视了信息开放性可能会造成的企业损失，给企业未来发展带来更大的风险。

四、应对大数据在制造类企业财务管理实践中存在问题的措施

（一）建立完善的财务大数据管理制度

为了应对当下制造类企业的行业变化，管理者必须及时调整经营战略，进一步建立起财务大数据管理制度，健全财务管理工作人员的管理制度。在具体的工作过程中，企业可以借鉴管理制度较为完善的同行经验，做好两个方面的工作：一方面，企业管理者需要加深自身对大数据的认识，进一步提高对财务大数据管理制度的重视程度，将大数据在财务管理中的运用作为企业的重要发展战略，结合企业的实际发展情况，安排有大数据专业知识的工作人员进行相应工作。另一方面，除了管理者需要做出相应改变，财务管理人员也需要改变自身认知，认真落实上级领导的指

示，在加强各个生产部门合作力度的基础上，进一步建立起财务信息的收集，构建起财务信息的整合系统，为建立财务大数据管理制度打下坚实基础。在此基础上，企业各部门需要与财务管理部门形成良好的合作关系，进一步提高整体的配合默契程度，进一步提高企业数据信息的整体处理强度，保证整个企业的财务信息数据可以进入到分析系统中。在此过程中，财务工作人员可以进一步提高财务信息数据的科学性，在良好行为规范的指导下，进一步提高财务管理的工作效率，为整个企业财务管理的创新实践打下良好的基础。

（二）创新企业财务管理模式

管理者在建立企业财务大数据管理制度之后，需要进一步将工作角度微观化，对当下的企业财务管理模式进行相应调查，将大数据应用过程中存在的不足进行整合，确定出新的财务管理创新方向，制定创新战略，并进行落实。第一，企业在运行过程中，需要充分了解当前的制造类企业市场发展行情，在此基础上，确定出大数据财务管理工作的相关原则，保证创新工作不偏离企业的政策主线，提高创新工作的整体效率，保证财务管理工作满足企业的发展需要，进一步降低企业的建设成本。第二，在进行大数据应用创新过程中，管理者必须与人力管理部门进行全面商讨，确定新的财务管理人才的招聘渠道，保证招聘人员具有一定的互联网行业发展背景，进一步提高工作人员的专业素质，提高招聘人员与公司发展的契合度，为整个公司大数据财务管理模式的创新打下坚实基础。第三，负责财务管理模式创新的工作人员，需要积极利用业余时间提高自身的专业素质，学习大数据相关的知识，严格按照财务大数据管理制度进行创新工作，完整落实领导的工作意图，促进企业财务管理人员与各个部门间的密切合作，为公司成本管理打下坚实基础，提高了制造类企业的整体决策效率。

（三）强化企业财务风险控制意识

制造类企业业务以为客户提供智能化设备产品为主，产品精细程度高，一旦发生错误，将对公司经济效益产生重大影响。因此，企业在建立完善的财务大数据管理工作，以及创新企业财务管理模式之后，需要采取风险控制措施，提高整个财务管理工作的稳定性。一方面，企业管理者需要认识到财务信息风险控制的重要性，大数据技术虽然在应用中有着重大作用，但是管理者需要进一步注意到，信息的整体开放性变得更大，不利于企业的财务管理工作稳定性发展。因此，管理者需要进一步优化公司的资源配置，提高企业财务风险的整体抵御能力，增强企业在经营过程中的风险承担能力，进一步提高公司的核心竞争力。另一方面，企业财务管理人员需要及时转变工作思路，提高大数据技术应用的科学性，防范信息开放性所带来的企业财务信息管理风险，提高保障信息安全的整体工作力度。在信息系统的整体建设过程中，工作人员需要将财务信息的相关数据进行备份，设置安全密码，如该公司就应用了金盾全面内网安全与网络行为管理系统，进一步降低了企业财务管理的风险，保障企业财务信息管理的安全性。

综上所述，本次研究以该公司为例，对其大数据技术在财务管理的现状及作用进行了详细研究，技术人员也在财务管理软件系统、生产管理软件方面，提高了研发力度，进一步提升了公司的大数据财务管理创新程度。但是，企业需要根据制造业的特点，进一步建立财务大数据控制制度与风险管理体系，以保证财务管理工作的整体顺利进行。推进大数据在制造类企业财务管理中作用的发挥，对于我国制造类企业的发展具有重要的现实意义。

第五节　大数据背景下云财务在企业管理中的应用

云财务是大数据背景下的必然产物，它通过流程化、标准化的建设，能够减少企业成本，提高工作效率，推进财务人员转型，实现企业内部的有效控制，但是进一步发展面临着许多需要破解的难题。为了更好地探究云财务的应用，基于理论界具有代表性的研究，本节构建了云财务服务平台框架，深入分析了云财务在企业管理应用中存在的相关问题，如推广阻力、财务人员专业素养欠缺、数据安全隐患等。因此，加大推广力度，组织和人员变革，以及保障云财务数据的安全等方法，是实现云财务在企业管理中有效应用的途径和手段。

大数据背景的到来，使国民经济的信息管理模式发生翻天覆地的变化。随着信息化进程的加快，传统的会计核算模式已经无法满足新时代的需求，大数据对财务数据管理提出了云财务的要求。近年来，国务院和财政部也相继发布了《关于积极推进"互联网+"行动的指导意见》《关于全面推进管理会计体系建设的指导意见》以及《企业会计信息化工作规范》，从不同方面指出会计领域的革新必须借助大数据、"互联网+"等信息技术，鼓励子公司众多的大型企业集团充分利用大数据促进会计工作的集中，逐步建立云财务共享模式，从而优化企业的财务管理。

近年来，财务信息共享一直是学术界和产业界热议的话题。张瑞君等人认为，财务共享服务中心在组织设计上,将集团公司分散于各地的财务人力资源集中于一处,然后利用信息技术构建共享服务集成系统,将服务自动化及流程再优化,最终实现财务集中和管控。童辰琛和历妍认为财务共享模式的优势在于不仅能够释放基层人员精力,推进财务人员向管理会计转型,为战略决策者提供有效信息,还能建立标准化体系,防范财务风险,提高服务质量。随着云计算的发展,财务云也渐渐进入了研究者的视线。程平和万家盛将财务共享中心与云计算相结合,通过构建云平台,对数据进行采集、存储和应用,最大限度地挖掘数据的价值,为财务分析和决策提供服务。而著名的云计算供应商浪潮于2013年提出财务云的理念,将财务共享管理模式与大数据、云计算、移动互联网等计算机技术结合,实现财务共享服务、财务管理、资金管理三合一,建立统一的企业财务云中心,支持多终端接入模式,实现"核算、报账、资金、决策"的协同应用。浪潮集团定义财务云,并和国内另两大财务云供应商用友、金蝶一致大力推广财务云,使得财务云的应用范围进一步扩大。而何瑛和宋康宁认为,云财务是云服务商向企业提供的一种虚拟资源池的服务,它把大数据、云计算、物联网、互联网整合起来,把所有资源归结到资源池,然后利用云计算技术,向企业提供定制化技术服务。管晨智和管友桥也提出云财务在中小企业使用中存在数据安全和会计信息隐私保护问题。

经过文献梳理发现,现有研究大多集中在财务共享服务中心的概念内涵和优势应用方面,对于云财务的文献研究还比较缺乏。同时现有的文献对云财务的概念界定也见仁见智,对云财务的平台构建和在企业的有效应用介绍比较少。鉴于此,本节基于大数据背景和前人的研究,主要关注四个问题:云财务概念的界定和平台构建;云财务应用在企业管理中的作用;云财务发展中存在的问题;云财务在企业管理中有效应用的对策。

一、云财务概念和平台构建

本节结合浪潮公司对云财务的见解,将云财务视为企业财务共享中心和云计算相结合,通过财务管理流程再造降低企业成本,实现实时操作和管理的目的。对大型企业而言,云财务更多体现在"私有云"的服务模式上,专业技术部门将技术系统进行创建和管理,而总公司确保总体资源的整合,也就是财务共享服务中心。但对于资金和资源短缺的中小型企业,"公有云"服务模式更加适合。企业可以租用云服务供应商在云端安装的运行程序,不用购置昂贵的服务器,只需要一台能上网的电脑或者移动终端即可。

云财务平台分为四个层次，每一层次都有相对应的服务。基础设施即服务（Infrastructure as a Service，ioas）是云财务的数据中心，存储数据、影像等功能作为一项服务提供给客户；数据即服务（Data as a Service，gaas）提供企业数据资源的建立和整合，包括各种财务核算内容；而云财务的数据服务和会计信息化开发应用平台都是由平台即服务（Platform as a Service，peas）来建立的，它是公共管理平台，使用或者开发人员可以通过平台进行使用或者升级；软件即服务（Software as a Service，SaaS）提供各类会计应用系统、软件发布或应用。软件服务商将软件统一安装在前端服务器上，提供给需要购买的企业用户，从而达到企业与云财务各项服务的对接。

二、云财务在企业管理应用中的作用

（一）降低企业运营成本，提高财务业务效率

云财务通过对人员、技术和流程的整合，对流程进行优化再造，对操作进行标准化处理，对人员进行专业化分工，将标准化作业和具有规模经济的财务业务放到共享服务中心集中处理，从而提高效率、降低运营成本。大型集团公司分公司众多，各自独立的财务团队难免会出现分歧。而通过财务共享中心，所有分支机构采用标准财务操作流程，废除冗余的步骤，整合集团数据，提高了业务质量，节省了成本。

此外，企业作为使用者购买云商提供的服务，既不需要投入前期云财务开发建设，也不需要后期更新维护，甚至都不需要购买软、硬件，只需要按所使用的资源支付一定的服务费即可。云财务让企业不但可以享受现代信息化服务，而且可以大大降低企业信息化方面的投入，摆脱了所支付高昂费用在计算机软硬件的购买和培养计算机开发维护人才上的局面，有效缓解了资金压力。

（二）促进内部绩效考核，为内部控制提供有效平台

云财务最大化地运用信息化技术将财务与业务有机结合，避免公司出现信息孤岛的情况，为企业内部控制管理和绩效考核提供了有效的平台。云财务可以使企业在处理公司财务业务的同时，将人力资源部、采购商、销售部门、生产部门等有序结合、统一管理，使业务数据得到及时地保存和使用。基于此，首先，企业人事专员可以随时查阅、考察各个部门的运营情况和业绩，即时记录与考核，客观评价工作绩效，大大促进了内部绩效考核的效率和公平。其次，企业管理者可以将财务预测、

财务计划、财务核算、财务分析、财务决策等集于一身，为企业的内部控制提供一个有效的平台，帮助企业提高生产力。

（三）释放基层人员精力，推进财务人员向管理会计转型

云财务使财务工作更加自动化和智能化，使财务人员从机械的、标准化的作业中解脱出来，有时间去思考更多的战略问题，从而推动企业财务更多地向管理会计发展、转型。云财务的推广实现了动态观察企业经济活动、动态计算企业各类经济指标以及动态规划企业目标的功能。这些功能的实现都为管理会计在分析财务数据、评价过去、控制现在、规划未来等方面提供了便利。越来越多的财务职能重新整合，财务人员可以有更多的时间专注在公司的核心业务上，既能站在业务的角度看财务，也能站在财务的角度看业务，做到了业财融合，为公司提供更大的效益，更好地适应全程业务发展对管理提出的新要求。

三、云财务在企业管理应用中存在的问题

（一）云财务的推广存在阻力

云财务虽然具备前文所述的优势，但是在企业的推广过程中仍然存在不小的阻力。首先，许多中小企业的财务人员认知粗浅，都不知道云财务的概念和用途，或者即使知道了，但是在固有的谨小慎微的态度下，要想改变数据存储于虚拟化的云平台，不亚于一场大革命。其次，云财务的数据自动化、流程标准化导致许多基层的、重复性的人工财务工作逐渐被代替，比如会计核算功能、不相容职务的角色分工、管理和监控自动化财务流程等等，这种形势下企业财务人员害怕引入云财务导致失业风险。最后，云财务作为一种新的工作模式，需要财务和业务部门互相融合，投入大量的时间精力和成本流程进行重组，这对财务人员要求更高，而人们对新事物的接受一般都存在抵触心理，不想改变。这一系列的原因都限制了云财务的推广和有效应用。

（二）财务人员专业素养不能跟上云财务的转变

云财务要求财务人员逐渐从纯粹的财务业务向纵向的管理会计服务转型，财务人员专业素养面临巨大的挑战。云财务作为一种新兴事物，是对整个信息时代财务作业的一场转型和变革，目前还处在摸索的状态。财务人员不仅需要具备高水平的财务知识，了解企业的业务管理流程，能够参与预算分析、报告评估、资金成本控制、战略风险管理、企业价值评估，同时还要对整个信息系统的运行、规划、维护、控制、

管理把握精准。比如，在企业营运资金管理过程中，财务人员可以让仓库管理员将一段时间库存商品的在库、出入库数据收集到云财务中心，算出最佳库存持有量并编制可行性报告。这意味着原有财务人员的素质需要尽快跟上时代的进展，可是目前市场上相关财务人才的供给和输出并不多，这在一定程度上阻碍了云财务的发展。

（三）数据信息安全隐患

在云财务模式下，企业的财务数据都储存在云服务商提供的云储存平台上，那不可避免地就会出现数据信息安全隐患。企业业务和财务信息真实地反映了企业的业务结构、客户数据、经营战略、融资规模和构成、投资流向和结构等等，都是企业的核心信息，对会计和审计人员要求的保密等级极高。但是云财务打破了这个壁垒，企业通过门户登录云端，各项处理信息也通过前端服务器传输到了终端的数据池里，而这个数据池是公用的，任何企业或者员工都有可能获取到相关的数据；此外，如果数据池遭遇病毒入侵，就会导致数据大面积地泄露、遗失或者篡改；另外，云服务商在提供服务时如果发生意外，出现了软硬件配套的基础设施故障或者破产倒闭的情况，那么原有的数据池的保存和销毁都会使企业面临风险。数据信息安全出现问题将会给作为终端使用者的企业带来巨大的损失。

四、云财务在企业管理中的有效应用策略

（一）加大云财务使用的推广力度

1. 普及云财务教育，提高员工认知程度

要想改变企业的固有思维模式，需要让员工认识云财务产品。企业应对决策层进行现代信息发展前景教育，让决策层认识到大数据背景下云财务会对原有的业务和财务流程进行重新组合，从源头上的需求把握，到采购、生产、销售产品，再到公司内部业务部门沟通、管理者决策、信息技术等方面日益发挥着重要作用；对财务人员进行云财务认知教育，可以请云服务商现场讲解云财务系统的实际使用案例，帮助其了解什么是云财务及云财务的具体使用流程，普及了认知就能从根本上去除对未知事物的恐惧和不确定性。

2. 宣传云财务的优势，降低员工抵触情绪

云财务作为一种新事物，需要较高的专业水平和充足的时间精力来应对，而大部分人不喜欢这种信息化变革，所以领导决策层的高度重视是云财务有效展开的重要保障。领导层需要加强对新模式的宣传，让员工真切感受到效率的提高、数据的

及时准确性。如果员工过于抵触工作转型，可以根据员工的需求，按照公司转型的需要给他们安排新的工作岗位。同时做好业务和财务部门间的协调工作，尽可能地降低磨合期带来的损失。

3. 国家从宏观上予以支持

云财务在实行初期需要大量的人力和财力的投入，国家在宏观上可以给予一定的财政支持作为建设资金。比如，国家可以拨出一定的建设资金建立国家所有的云财务研发中心和试验基地，同时对开发自有云财务的大型企业和云服务商予以一定财政支持和税收优惠，共同积极探索云财务的研发和应用经验，最后达到推广的目的。

（二）组织和人员变革

1. 多维度协同培养，提高财务人员专业素养

为了适应高速发展的会计信息化时代，高校、企业在培养和提高会计人才专业素养过程中，应该注重与政府、企业、国内外会计行业协会合作，充分利用学历教育、继续教育、实践锻炼等途径和方式，实现多维度的协同体系培养方式，使财务人员成为通晓会计核算、业务处理、信息分析和决策的综合型人才，跟上云财务的发展。

2. 分级分类财务人员，最大化保障云财务的运行

根据业务运营、技术管理、财务分析和决策将财务人员进行合理分级分类，让专业的人员做专业的工作，确保员工的能力和知识得到最大化的发挥，创造最大的团队价值。比如复合素质高的员工可以安排流程改造、营销策划、风险管理控制、财务预算、战略规划等方面的财务工作，而专业素养跟不上又不肯及时进行学习的员工可以安排基础的数据录入和单据处理工作。

3. 合理的绩效考核，提高员工改变的积极性

公平合理地评价工作绩效，可以帮助员工主动积极地提高专业水平，从而有效提高云财务平台使用的整体绩效。比如可以引用源自哈佛大学和诺朗顿研究院的平衡记分卡绩效评价体系，从财务、客户、内部运营、学习与成长四个角度衡量财务人员，更好地激励员工，提高员工的专业素质和参与意识。

（三）充分保障云财务数据的安全

1. 通过技术手段加强数据安全保护

云财务服务商应该从客户准入、数据传输和数据保存三个方面入手，运用科学的技术手段保障数据的安全。首先，在企业用户准入方面，需要对身份进行鉴别和授权，运用公钥加密技术确认使用者是否具有准入权限，同时明确准入人员的授权

范围，避免出现岗位相容的情况，从源头上把握住使用者权限。其次，在数据传输过程中，运用SSL(Secure Sockets Layer)安全通道对传送的数据进行加密和隐藏，确保数据在传送中不被改变，避免数据的截取、泄露和篡改。最后，对数据进行安全存储，并拓展一个被隔离的安全操作存储区域，建立防火墙，避免受外部有害数据的入侵；同时对数据进行全面性备份和关键数据备份，采用多备份、异地备份等方式，保障数据的存储安全；对于需要报废或者移出数据池的数据也能依据相关标准进行销毁。

2. 选择合适的云财务服务供应商

合适的云财务服务商既能从技术上最大化保障数据安全，同时在发生意外情况时也能最低限度避免损失。比如云财务供应商用友云借助密钥管理中心和加解密产品实现数据安全保护和控制，将安全技术嵌入至整个数据安全生命周期中；同时对上线的产品进行持续监控，特别是对动态发布的内容进行重点地防护，防止网页被篡改、盗链、发布不符合国家法律法规的内容和言行等；此外还应建立本地应急系统及容灾系统，相互配合共同保证整体业务连续性，避免了发生意外情况导致数据丢失毁损的情况。这一系列安全举措为用户的数据安全提供了高级的防护能力。

3. 建立云财务信息安全法规

国家应尽快完善《信息安全法》等相关法律，落实会计专用的信息法，用法律的强制性来保护云财务数据的安全。我国的云财务目前还处在起步阶段，还有不少企业因为数据的安全性对其持保留态度。国家可以对企业的安全需求进行详细了解，除了避免非法入侵数据库，还要求能够通过合法手段获得财务信息的企业员工、云服务商、相关的第三方遵守制度。解决了这些针对性的问题，形成完整的法律体系，这样有助于改善这一情况。

云财务的快速发展为企业管理带来了新的模式契机，是企业财务变革和转型的重要路径之一。但是云财务的推广阻力、财务人员素质的不同步、会计信息安全等方面的问题在一定程度上影响了云财务的发展，为云财务的应用带来了新的问题。本节从如何加大云财务推广力度、如何进行组织和人员变革及如何保障信息安全的角度出发，提出了有针对性的对策建议，希望能对企业管理应用云财务提供一些借鉴。

第六节 财务体系上的大数据在企业战略管理中的应用

当今社会是一个信息化时代,大数据技术被实施到各个行业中,为了保证企业能够获得更好的发展,企业在经营的过程中应该加强对大数据技术的实施。本节就针对财务大数据在企业战略管理中的实施做具体的研究与分析,提出一些提升实施效果的意见,仅供参考。

一、财务体系上的大数据在战略管理中实施的问题

(一)财务体系上的大数据实施范围狭窄,应对深度不够

经营主体在使用财务体系大数据的过程中,对财务体系大数据的实施范围不是非常的广泛。经营主体战略管理的过程中,需要综合考核各个方面的因素,因此对于财务体系上的大数据的全面性具有非常高的要求。然而,在实际的实施过程中,财务体系上的大数据的广泛性不足,数据仅仅涉及了财务方面的信息,对于经营主体经营中的其他数据信息没有过多地涉及,这就影响了财务体系上的大数据在经营主体战略管理中的实施,使得经营主体财务战略管理水平也受到了一定的影响。另外,经营主体财务体系上的大数据涉及的数据信息深度不够,无法有效地反映经营主体的经营情况以及准确的财务情况。例如,财务体系上的大数据信息中仅包括了经营主体的利润,对于应收账款的坏账率及经营主体的应收账款回款天数都没有涉及,这就使得经营主体管理者在参考财务体系上的大数据的过程中,用于战略管理的信息相对较少,影响了经营主体战略管理水平的进一步提升。

(二)权责不明确

经营主体在使用财务体系上的大数据进行战略管理的过程中缺乏明确的权责制度,失真的财务数据信息对于经营主体战略管理不仅无法起到很好的作用,还很可能误导管理者做出错误的战略计划,影响经营主体战略管理水平的提升。经营主体在日常经营管理的过程中,对于财务数据分析的工作人员的工作职责没有明确的规定。经营主体实施财务体系上的大数据科技的时间比较短,因此在权责分配上问题较多,影响了财务数据分析人员的工作积极性与责任感,使得很多数据的信息真实性与准确性不足,使得经营主体战略管理水平受到影响。因此很多经营主体出于各

方面的考虑，延缓了在战略管理中实施财务体系上的大数据技术。

（三）缺乏完善的财务体系上的大数据管理体系

目前我国经营主体内部缺乏完善的财务体系上的大数据管理体系。一方面缺乏健全的财务体系上的大数据实施方面的制度，因此很多人员在实施财务体系上的大数据技术的过程中缺乏一定的责任心，他们根据自己的想法从事数据分析，使得数据信息准确性无法保证，财务体系上的大数据对于经营主体战略管理的作用无法充分地发挥。另一方面，经营主体中缺乏对财务体系上的大数据的实施践行进行监督管理，这使得大数据在战略管理中实施经营出现各种问题，影响了财务体系上的大数据在经营主体战略管理中的实施进度。

（四）经营主体管理者对于财务体系上的大数据缺乏足够的重视

当今时代是一个信息化的时代，财务体系上的大数据对于经营主体提升财务管理水平、提升经营主体战略管理能力具有非常重要的作用。然而，在经营主体的日常经营管理的过程中，经营主体管理者对于财务体系上的大数据的实施缺乏足够的重视。经营主体管理者受传统的经营理念的影响，他们认为经营主体想要经营得好，就要重视销售及生产，至于财务方面的问题都是小问题。然而，随着财务体系上的大数据的出现，大数据对于经营主体管理人员的战略决策都起到了非常重要的影响作用，管理人员却没有与时俱进重视其应用。

二、如何加强财务体系上的大数据在经营主体战略管理中的实施

（一）提升财务体系上的大数据的实施深度与广度

为了提升财务体系上的大数据在经营主体战略管理中的实施，经营主体应该加强对于财务体系上的大数据深度与广度的重视。首先，经营主体财务体系上的大数据应该尽量扩大数据涵盖的范围，不能仅仅局限于财务部门的一些数据，应该收集经营主体经营中的各种数据信息，保证数据的全面性。其次，为了保证数据的全面性，经营主体还应该加强对于经营主体外界市场信息的收集，保证财务体系上的大数据的广度不断提升。例如，财务体系上的大数据应该对各方面的财务都进行更加深入地分析，提供更加深入的数据。对于应收账款方面的数据，不仅要提供其总额，还要对其明细及坏账准备率做出详细地分析。

（二）实施财务体系上的大数据的过程中要做到职责分明

为了提升财务体系上的大数据在经营主体战略管理中的实施过程，经营主体应该明确所有财务数据分析人员的职责，保证财务数据分析结果的准确性与真实性。这样做一方面提升了工作人员的责任心，另一方面还能及时发现财务数据分析中的问题，保证经营主体提供的财务体系上的大数据信息的准确性，为财务体系上的大数据在经营主体战略管理中的实施创造良好的条件。

（三）建立完善的财务体系上的大数据管理体系

首先，经营主体应该建立完善的财务体系上的大数据实施制度，对所有人员的行为进行统一规范，保证经营主体财务数据核算人员的工作积极性与责任心不断提高。其次，经营主体应该建立专业的监督管理部门，对财务体系上的大数据工作进行必要的监督管理，这样就能有效地提升财务体系上的大数据信息的准确性，保证财务体系上的大数据技术的实施顺利进行。再次，为了保证财务体系上的大数据在经营主体战略管理中的实施不断扩大，经营主体应该建立一个大数据交换平台，对财务体系上的大数据设置一个标准化的流程，保证其技术实施能够更加地标准化，确保财务体系上的大数据在经营主体战略管理中的实施。最后，经营主体应该建立一个数据仓库，对各种数据进行统一管理，方便数据的收集及归纳、整理、分析，为财务体系上的大数据技术在经营主体战略管理实施奠定良好的信息基础。为了保证财务数据信息能够为经营主体战略管理所用，经营主体应该加强对财务数据与经营主体战略管理的融会贯通。

（四）提高对财务体系上的大数据技术的重视

在当今社会，大数据信息对经营主体发展具有非常重要的作用，尤其对经营主体战略决策的准确性与科学性具有一定的影响。因此，作为经营主体管理者应该不断提升自身的思想意识水平，与时俱进，加强对于财务体系上的大数据的认识，提升对于财务体系上的大数据的重视。另外，经营主体管理者在日常经营管理中应该积极宣传它的重要性，让全体员工都对财务体系上的大数据有一个清晰的认识。

针对目前我国经营主体财务体系上的大数据在战略管理实施过程中存在的问题，经营主体必须要有针对性地解决，针对具体问题具体分析。

第七节　电网企业财务大数据的研究与应用

随着"云大物移智"等数字技术的蓬勃发展，利用大数据技术更好地服务经营管理已成为企业的共识。国网山东省电力公司自 2009 年财务集约化建设以来，财务信息系统中积累了海量的业务和财务数据，面对丰富的数据资源，国网山东电力将其作为企业的一项核心资产，并把对数据资产的挖掘和分析作为支撑企业经营管理的重要手段。为此，国网山东电力探索并提出了"1234"新型财务大数据应用的管理思路和管理方法，即一个大数据技术平台、两个支撑保障、三端展示建设、四大域层管理，以此构建了电网财务大数据管理及应用体系和方法论。借助大数据技术应用的方法论，国网山东省电力公司有力提升了财务管理，大大加强了财务决策的分析能力，进一步深化了财务集约化的创新发展。实践证明，大数据对广大财务人员是一种有力的"武器"，未来将在电网企业发挥更大的作用。

近年来，以"云大物移智"等为代表的数字新技术浪潮此起彼伏，数字新技术已成为新经济的基石。随着信息技术和人类生产生活地交汇融合，互联网快速普及，数据呈现爆发增长、海量集聚的特点，这些对经济发展、社会治理、国家管理、人民生活都产生了重大影响。人类社会正发生着剧烈的变革。大数据，既是数据资源，又是数字技术，如何利用大数据技术更好地服务于企业经营管理，提升企业决策能力，是摆在企业面前的一个重大课题。

大数据的应用对于电网企业来说不仅仅是信息技术的更新，更是企业发展战略的变革，电力大数据是大数据在电力行业的延伸和拓展：毋庸置疑，中国电力工业的大数据背景已经到来。虽然电力行业已经产生了海量数据，但大多数仅仅发挥了数据存储、查询、统计等最基本层次的功能，尚未深入挖掘出隐藏在海量数据背后潜在的价值。

国网山东省电力公司（以下简称国网山东电力）作为资产密集型的大型央企，在信息技术的支撑下，一直将大数据的研究和应用摆在重要的位置。特别是在财务集约化创新发展方面，随着公司级全域统一数据中心大数据平台的建设，该公司基于大数据技术的电网财务大数据研究日益深入，并取得了显著成效，为财务创新促效和精益管控提供了有力的手段，进一步提高了信息化价值创造能力和决策支撑能力。

一、电网财务大数据应用的思路和举措

根据国家电网公司的统一要求，国网山东电力在2009年开展了财务集约化建设，近十年来，在财务信息系统中积累了海量的业务和财务数据，面对积淀丰富的大数据资源，国网山东电力始终将其作为企业的一项核心资产，并将对数据资产的挖掘和分析作为支撑企业经营管理的重要手段。经过多年的研究和实践，国网山东电力提出了"1234"新型财务大数据应用的管理体系和管理方法论。

（一）"一个平台"构筑财务大数据应用的支撑架构

国家电网公司统一建设的全业务统一数据中心是全业务、全类型、全时间维度数据的汇集中心，是电力企业现有几类数据中心的进一步发展和完善，它实现了前端全业务融合、后端大数据分析，为公司对各类分析决策类的应用提供了完备的数据源、高效的分析计算能力和统一的运行环境，改变了过去分析型应用数据反复抽取、冗余存储的局面，实现从"搬数据"向"搬计算"的转变。

国家山东电力借助全业务统一数据中心，对技术架构、业务流程进行总体规划，充分利用大数据技术和平台，融合业务前端和财务的全方位数据，实现业财融合、数据共享，确保技术路线先进可靠、数据标准规范统一、数据质量实时高效、数据分析灵活智能，为财务大数据的分析提供了技术平台和应用平台。

基于此平台的建设，公司形成了一个大数据资源池，财务所需的数据分门别类地存储在资源池中，为前端展现提供了数据仓库。目前，国网山东电力现在用的财务信息系统主要包括财务管控和SAP，其对异构系统间的数据进行了集成和共享，并根据全业务统一数据中心的数据标准要求，确保输出端数据的标准统一。借助一个平台，打好架构基础，加强数据治理，破除壁垒、消除孤岛，深入挖掘数据价值，实现底层架构和技术平台的统一。

（二）两大保障，护航财务大数据应用之路

为了更好地利用大数据技术，服务财务管理，国网山东电力在财务大数据研究和应用方面，一手抓制度建设，一手抓技术支撑，确保大数据应用行稳致远。

在制度建设上，国网山东电力对数据来源进行规范，对数据质量进行设计，对业务流程进行分级授权。在原始凭据电子化方面制定管理规范，加强影像化数据的规范化、智能化和结构化管理；在主数据管理方面，利用主数据管理平台，设计质量管控模型，形成主数据管理办法；在业务流程层面，建立了以基本授权和岗位授

权为主体的资金分级授权标准，从制度上加强资金安全和财务安全；在移动应用方面，出台移动终端管理办法，进一步规范移动终端的接入和管理等。

在技术保障上，国网山东电力一方面以大数据技术作为主要的技术支撑；另一方面，充分借鉴和利用信息化新技术，形成辅助的技术手段。以机器人自动化技术（RPA）加强业务处理的自动化，提升业务处理效率，解放财务生产力；以业务凭证电子化和OCR技术处理原始凭证，将非结构化数据进行影像化、结构化管理；以生物识别和电子密钥技术，将人与岗位一一绑定，保障数据审批安全；打通银企通道，实现财务、中电财与银行的直联，实现资金支付的全过程在线监控等，通过一系列技术支撑，保障大数据技术平台的基础数据在信息系统中稳定安全。

（三）三端建设，实现财务大数据的分级展现

国网山东电力为加强财务大数据的分析和应用，不断探索研究终端建设，最终构建了以大数据平台为支撑的微应用端、以大屏应用为载体的决策支撑端、以PAD、手机应用为辅助的移动应用端。通过三端建设，满足不同层面财务人员需求，使大数据分析和应用有了持续的生命力。同时，区别于传统图表与数据仪表盘，如今的数据可视化正致力于打造更生动、友好的形式，即时呈现隐藏在瞬息万变且庞杂数据背后的业务洞察，充分利用所有数据条目中的全部属性，以便于深入地观察、分析数据的价值。

微应用端，主要满足广大财务人员日常工作的业务处理、数据查询和分析使用，在这里可实时查看公司相关数据，实时支撑业务处理需求，有效提升了财务管理的自动化、数字化、智能化水平。微应用不同于传统的财务信息系统的全耦合架构，它将一个个业务场景进行独立式、解耦式地处理，满足不同岗位财务人员的专业化应用，比如通过重构财务管控电网基建投资预算功能，建设轻量化的投资预算微应用，有效解决预算编制工作量非常大、时间紧张等导致的工作质量和效率问题。国网山东电力通过探索、研究、建设分布式光伏微应用，为近14万用户提供了便捷的补助申请、结算、支付应用。通过不动产资源集中管控微应用的开发，实现了不动产信息查阅、档案管理、业务审批和统计分析等工作。

决策支撑端，主要以大屏幕为载体，建设领导驾驶舱，展示影响全局的关键指标数据，通过"财务大地图"的形式，全程展现业财链路，为财务大数据实现可视化的展现。国网山东电力以资金大数据为分析场景，在大屏端展示了全省资金收支状况和收支曲线动态，有效监控了资金变动情况。这便能够在第一时间，掌控全省

资金动态，实时获知"全省有多少钱、花了多少钱、还剩多少钱"。

移动应用端，数据实时分析是大数据背景下管理应用需要解决的核心问题。依托国家电网公司"财务家园"，国网山东在 PAD 和手机端，创新应用了智能决算会审、"大讲堂"竞赛、掌上微课堂、典型经验评比等模块，实现财务信息及时安全搜索，丰富了财务数据展示的载体，扩大了财务管理的途径，实现了移动办公。每月财务报表出具后，财务家园中一键式生成财务分析报告，利用 PAD、手机便捷地展现财务状况和经营成果，实现"一机在手、全表都有"。

（四）四大域层，构建电网财务大数据管理体系

1. 以数据治理和规范构建数据质量标准的管理域层

在数据标准层面，国网山东电力做好数据库结构规划设计，在数据要素分类、组织结构层级、数据时间、期间等维度体现了精细化、标准化、可扩展的特性，为高效、高质量地开展数据检索、整合、挖掘、分析工作提供条件。

国网山东电力根据数据分布广泛、冗余存储、标准不一等问题，全面开展**数据质量和标准建设**，设计质量管控体系，对存量数据开展有效治理，通过对**数据定义、存储、使用的统一规划和管控**，为跨专业、跨系统数据集成与应用提供支撑，实现主数据全过程、可视化管理。

国网山东电力通过统一数据的存储方式，整合不同口径的报表、指标、不同存储方式的数据，制订统一的结构化存储技术方案，为数据关联奠定基础。

2. 以数据资源池构建财务大数据的处理域层

国网山东电力根据数据信息的分析，发现以下情况：信息系统数据来源多、分布广、格式杂，账务、科目、报表、指标等数据分散在不同系统和模块，存储方式有结构化、非结构化、半结构化等不同方式，不同模块数据之间的变动缺乏关联，数据无法进行固定引用。

国网山东电力指标项和数据来源较多，需通过建立统一的资源池，实现对**数据的全面、统一、标准化的管理**。数据资源池将覆盖报表、科目（包括会计科目、预算科目、辅助核算）、业务数据、指标（包括企业负责人业绩考核、同业对标、运营监控、专业管理指标）等内容。累计梳理出核算科目 4214 个，预算科目 1110 个，指标（含报表项目指标和分析指标）1324 个，全面包含了财务管控系统、SAP 系统、员工报销、协同平台等信息系统数据源。

同时，国网山东电力探索将非结构化报表转化为结构化指标的管理模式，为数

据准确、便捷地应用奠定了基础。通过创新报表指标化管理，以指标为核心来构建资源池。传统报表分为单列表和矩阵表，单列表取列表头，矩阵表取行+列表头组合，转化为报表项指标，纳入数据资源池中进行统一管理。比如成本费用表列表头有购入电力费、输电费等费用项目，行表头区分了发电成本、购电成本、输配电成本等成本项，行和列均有具体意义，则将行和列进行组合，形成各类指标。

3. 以多维分析模型构建财务大数据的分析域层

大数据是业务驱动型技术，以巨量数据为支撑，根据业务需求，挖掘数据关联性，为业务提供决策支持。它通过多维分析模型建设，构建了大数据分析域层。

①、构建多种基础分析的立体分析架构。国网山东电力构建包含年度预算执行分析、历史对比分析、同业对标分析等基础分析的基本展示框架，以此来设计财务关键数据展示和交互应用方式，实现各单位、各周期、各指标之间的任意绩效对比分析。国网山东电力预置各级人员的常用指标及常用分析框架，并支持简单操作来切换单位、时间、指标，实现了财务数据快速多角度的对比分析展示，完成了大数据解析。

②、搭建业务场景库，实现轻量化分析应用。国网山东电力基于财务最佳业务实践及核心业务场景，通过关联分析、预算分析等分析模型及 GIS 图、雷达图等展示图表，搭建适合财务三级九专业的业务分析场景库，并划分了领导套餐、主任套餐及九专业套餐；同时根据用户岗位及行为智能推荐业务分析场景。现阶段已梳理可关联分析报表项指标 128 个，指标 1305 个，各套餐指标 192 个。

③、国网山东电力通过外链集成第三方系统，通过链接和单点登录的方式，将外系统的分析主题、分析报告等集成进本系统，如电价分析、资金分析等专业分析，在本系统中发现问题后，点击链接即可对数据一站式直达追踪，并进行持续深入挖掘和专业分析展示。

④、国网山东电力以"财务百度"建立大数据搜索，实现数据快速查询和一步直达，包括资源池的指标与指标数据的情况，通过单位、时间、指标标签等查询指标体系的指标及指标值，搜索结果以卡片化结果展现。这样能清晰展现指标的主要信息（指标名称、计量单位、指标值、时间、单位等），便于财务人员随时随地查询所需。

4. 以传统+现代技术手段构建财务大数据的安全域层

财务数据是企业经营管理的核心数据，也是最敏感的数据，国网山东电力一直高度重视财务信息安全。在财务大数据应用的过程中，一方面，国网山东电力通过传统的账号、密码、岗位、角色等方式，以及按照严格规则快速处理事务的能力和多用户并发访问的能力，国网山东电力建立了第一道安全防线；另一方面，国网山东电力借助新型技术手段，包括手势密码、人脸识别、指纹认证等，多方位保障数据安全和应用安全，构筑第二道安全防线；最后一方面，国网山东电力通过数据监控、风险预警等，强化事后监控，构筑第三道安全防线，全过程确保财务数据安全。

应用生物认证技术，护航财务安全。国网山东电力通过引入生物识别等技术，实现在线指纹采集、认证、委托授权等过程。国网山东电力在传统的电子签名和安全加密的基础上，结合业务凭据电子化影像，增加指纹识别，有效保障了资金安全和财务安全。

针对移动应用，国网山东电力制定并发布了移动终端应用的安全规范要求，对移动终端应用的需求提报、第三方测评、安全通道接入、应用上架与管理等提出了明确的要求。在移动终端规范的指引下，国网山东电力的财务移动应用在内网安全稳定运行，有效保障了数据安全。特别在内网接入环节，他们坚持"多渠道接入，统一管控"的原则，通过移动终端安全管理、监督检查及考核，防范泄密风险，规范用户使用行为，确保移动终端使用合规，安全隐患合理防范。

二、电网财务大数据应用的展望

电力信息化建设利用大数据技术，能够提炼准确的、有价值的数据，能够为管理效益、决策能力的提升提供有效帮助。目前，国网山东电力财务大数据的研究取得了初步成效，大数据技术对财务组织模式、企业风险防控、资源配置和决策支持方面有着很大的影响，也对传统的管理方式提出了深刻的变革要求。面对即将到来的人工智能时代，财务人员将会更加主动积极地拥抱大数据，充分利用大数据、机器学习等新兴的数字技术，为财务转型升级和经营管理提供更大的价值和支撑。

电网关联千家万户，大数据必将给电网企业的管理带来全新的视角和促进作用。

参考文献

[1] 赵丽. 我国公益类事业单位财务管理问题研究 [D]. 财政部财政科学研究所，2012.

[2] 刘永君. 上市公司财务审计与内部控制审计整合研究 [D]. 西南大学，2013.

[3] 廖菲菲. 内部控制审计、整合审计对财务报表信息质量的影响 [D]. 西南财经大学，2014.

[4] 邢萌. 上市公司整合审计业务流程优化问题研究 [D]. 杭州电子科技大学，2014.

[5] 张莉. 财务报表与内部控制整合审计流程设计及应用 [D]. 兰州理工大学，2014.

[6] 谢林平. 论内部控制审计与财务报表审计整合的意义与流程 [J]. 中国内部审计，2015(8)：90-93.

[7] 李哲. 财务报表审计和内部控制审计的整合研究 [D]. 云南大学，2015.

[8] 黄雅丹. 我国上市公司财务报表审计与内部控制审计整合研究 [D]. 吉林财经大学，2014.

[9] 罗娜. 整合审计在我国会计师事务所的运用研究 [D]. 西南财经大学，2013.

[10] 吴俊峰. 风险导向内部审计基本问题研究 [D]. 西南财经大学，2009.

[11] 丁晓靖. 电力基建项目全过程财务管理体系研究 [D]. 华北电力大学，2014.

[12] 钟健. 河北国华定州电厂 (2×600MW) 工程基建管理信息系统 (MIS) 的设计与实现 [D]. 四川大学，2014.

[13] 林少伟. 广东粤华公司 2×660MW 基建项目信息化管理应用研究 [D]. 华北电力大学 (河北)，2012.

[14] 侯禹辛. ZH公司对A公司进行融资租赁的财务风险研究 [D]. 天津商业大学，2015.

[15] 夏斌斌. 价值链视角下融资租赁企业税务筹划研究 [D]. 天津商业大学，2015.

[16] 武军. 煤炭企业财务风险内部控制体系研究 [D]. 天津大学, 2011.

[17] 袁清和. 基于作业的煤炭企业成本管理体系研究 [D]. 山东科技大学, 2011.

[18] 王明芳. 我国电商企业信用管理体系的研究 [D]. 南京林业大学, 2015.

[19] 任立周. 我国事业单位财务管理现状及对策研究 [D]. 山西财经大学, 2011.

[20] 王巍. 中国并购报告 2006[M]. 北京：人民邮电出版社, 2006.